《金州荣耀：金州勇士 8 年 4 冠典藏全纪录》

主　　办　体坛传媒《体坛周报》

编辑出版　《体坛周报》篮球部

总 编 辑　骆　明　周　蓉

策　　划　薛　震　孔德昕

美术总监　刘宏智

撰　　稿　沈知渝　董倡硕　季孟年　孔德昕　戴高乐　李喜林　王实刚　王子健

责任编辑　董倡硕　季孟年　孔德昕　戴高乐　李喜林

金州勇士8年4冠典藏全纪录

金州荣耀

《体坛周报》 著

机械工业出版社
CHINA MACHINE PRESS

2022年，NBA头号热门球队——金州勇士在历经两年蛰伏后重新夺冠。本书全方位地介绍了2014—2022年间，勇士队8年4冠的伟大历程与台前幕后，向球迷们展现了勇士队由一支不被众人看好的“跑轰大队”成长为联盟新一代王朝新贵的全过程。从库里、汤普森、杜兰特的球星故事，到场上场下、俱乐部运营的背后秘事，《体坛周报》将为所有篮球迷们献上一部见证当下国内最受欢迎球队——金州勇士的王朝典藏纪念作品。

图书在版编目（CIP）数据

金州荣耀：金州勇士8年4冠典藏全纪录 / 《体坛周报》著. — 北京：机械工业出版社，2022.11
ISBN 978-7-111-71920-5

Ⅰ. ①金… Ⅱ. ①体… Ⅲ. ①NBA－概况 Ⅳ. ①G841.971.2

中国版本图书馆 CIP 数据核字（2022）第201325号

机械工业出版社（北京市百万庄大街22号 邮政编码100037）
策划编辑：王 炎　　责任编辑：王淑花
责任校对：薄萌钰 李 婷　　封面设计：刘宏智
责任印制：张 博
北京华联印刷有限公司印刷

2023年1月第1版 · 第1次印刷
210mm × 285mm · 12.25印张 · 2插页 · 318千字
标准书号：ISBN 978-7-111-71920-5
定价：128.00元

电话服务　　网络服务
客服电话：010-88361066　　机 工 官 网：www. cmpbook. com
010-88379833　　机 工 官 博：weibo. com/cmp1952
010-68326294　　金 书 网：www. golden-book. com
封底无防伪标均为盗版　　机工教育服务网：www. cmpedu. com

谨以此书纪念勇士王朝

并送给所有勇士球迷

序

沈知渝

勇士就是一个家

夺冠游行那天，克雷·汤普森昂首阔步走上演讲台，身着冠军T恤，墨镜豪横，脑袋上却戴着……戴着一顶白色的船长帽，和队友们统一的冠军球帽显得如此不和谐，好像混进了冠军队伍的詹姆斯·库克㊀。勇士队的“库克船长”，在前一天驾驶着他引以为豪的“挪威军刀”，迎风向前，浪花朵朵，然后，海风无情地带走了他的冠军帽。在克雷的回归之年，仿佛重新拥有了全世界，但世界最终总要在你耳边吹吹冷风。

汤普森吹过更冷的风，冷到骨子里，一人，一狗，枯坐在自己后院的码头上，伤心太平洋的风浪，带着咸味，带着苦味，人和狗都缄默不语，从夕阳西下到山水如墨。这不是我的想象，是出现在汤普森康复纪录片中的镜头。纪录片中展现的是他2019年总决赛十字韧带撕裂后的康复过程。在记录这次康复时，他肯定想不到，噩运的伏击竟然不止一次。

德拉蒙德·格林，在赢得第四个冠军后，在科尔面前竖起四根手指，仿佛功成名就；科尔微微一笑，也竖起四根，然后伸出了另一只手，仿佛平平无奇。格林“啊”了一声，想起了科尔的球员时代，两人默契地开怀大笑。

可在科尔接手勇士后，“追梦”曾经一次次成为他的噩梦。

在2015年一场对阵鹈鹕的常规赛里，勇士打得狼狈不堪，格林好似罪魁祸首，第三节的暂停，科尔憋不住心头火气，痛骂格林，在嘴皮子上从来不甘落后的格林，也没有示弱。这次不大不小的口角，点燃了格林，

㊀ 詹姆斯·库克，人称“库克船长”，是英国皇家海军军官、航海家、探险家和制图师。——编者注

毁灭了对手，再次登场后，勇士一波高潮，带走了比赛。以至于后来科尔经常责问自己：我是不是每次落后都得这么干？

一年后，勇士对阵雷霆的常规赛，格林形容“这是我和史蒂夫关系最恶劣的一天”，暂停时，格林气势磅礴地朝科尔爆发，号称“你不想让我投篮，我就一次都不投”，队友让他坐下，他死亡凝视，“有本事你们让我坐下！”，所有人噤若寒蝉；再过一年，勇士对阵篮网的常规赛，科尔对格林的状态不满，只用了他 23 分钟，更是在比赛的最后 10 分钟将其闲置于板凳，之后的 24 小时，两人之间，也一个字都没说。

科尔在面对一个“大魔头”，“大魔头”在面对一个同样的好胜者。两个人就像人生伴侣，甜蜜起来如胶似漆，对峙起来剑拔弩张，在磕磕绊绊中，探索长情的秘诀。

库里坐在花园球馆的地板上，泪水滑过脸庞，喜极而泣。上一次有报道说他泪流满面，是克雷韧带伤病康复，却在热身赛中断裂了跟腱的时候，那是悲情的泪水。在中国，库里被叫作“小学生”，被叫作“傻库”，吃着爆米花，扭着胯胯轴，把欢乐洒向人间。不是库里不流泪，只是未到最极致。从最痛苦的情感流淌，到最奔腾的情感输出，两年时间，地狱天堂，库里的两次哭泣，就是这一段历程的注脚。

勇士八年六进决赛、四夺冠军，在时间点上，有三个关键点：第一个是在 2016 年创下常规赛 73 胜纪录，冲上云霄；第二个是 2019 年，杜兰特和汤普森轮番受伤，倒在猛龙脚下，从天际陨落；第三个是 2022 年，从最低处再次升空。如果做一张坐标图，就是一条极为陡峭的曲线，世界上最惊险的过山车，不过如此。

一支球队建立王朝，究竟破茧成蝶更动人，还是凤凰涅槃更励志？纵观历史上的王朝队伍，乔帮主苦战七年，才杀进决赛，此后一帆风顺，这是前者；“OK 组合”铩羽三年，直到 2000 年才称霸联盟，也是前者；马刺“GDP”组合，大约是和勇士最接近的，逢奇数年夺冠，但在 2007 年之后，时隔 7 年才再度登顶，但以劫难而论，与勇士还有距离，唯一能体现人间沧桑的，是邓肯泛白的鬓角和吉诺比利消失的秀发。

所以，比照历史上的王朝，在 NBA75 年的历史上，只要是同一拨核心，没有勇士这样独辟蹊径的。称他们为“王朝”，无非着眼于他们的成就，但如果撷取那么多年的球队行为，不如称他们为一个“家”。家庭，更符合勇士文化特质；家庭，是对俱乐部从上到下关系的概括；家庭，才能让他们在磨砺的土壤上，重开幸福之花。家比王朝小得多，但家一定听上去更温暖，更柔和，更抚慰人心。

家里有一个库里的“妹夫”；阿耶莎餐厅开业，格林和汤普森亲临捧场；库里带着全家人去西雅图看橄榄球，两队球迷发生冲突，格林挺身而出，被库里指定为“家族保镖”；卢尼可能在任何球队都无法胜任首发，但在这里，他有坚实的后盾；威金斯在勇士终于收获了全明星以及和状元匹配的名誉。在勇士，每个人都找到了归属感。这就是家的力量。

通往波士顿的漫长航程中，格林、库里、克雷和总经理鲍勃·迈尔斯坐在专机的桌子前，迈尔斯感慨：十年，别说一张桌子旁，就算在一个队里坐着，也不可思议。他们没有谈论比赛，他们谈论着彼此的家人，彼此的孩子，就像最普通的家庭，说着家长里短，聊着孩子未来的人生，生活的琐碎点滴。就是这涓涓细流，汇成了长河奔腾。

汤普森落选了 75 大巨星，可当他穿上队友为他特制的 77 号球衣，在更衣室里、在训练场上显摆时，当库里在一旁捧腹傻乐，当队友们哄堂大笑时，你看到汤普森回来了；当格林在和科尔冷战后，打开了科尔递给他的信封，读着科尔手写的三页信纸，他们从此拥抱着彼此；当库里在 2021/2022 赛季结束后说出“下赛季没有人想碰我们”时，你能感受到支撑一个家的信念又出现了。

多难兴邦，也能兴家。每一个家庭，总有各自的幸福和厄难，有人加入，有人出走，有时人生得意，有时苦不堪言，而一个强大的家，总有撕扯不断的凝聚力，让每一个人咬牙坚持，跨越山丘。

勇士当然是一支王朝球队，但在我心里，他们更是一个家。

目录

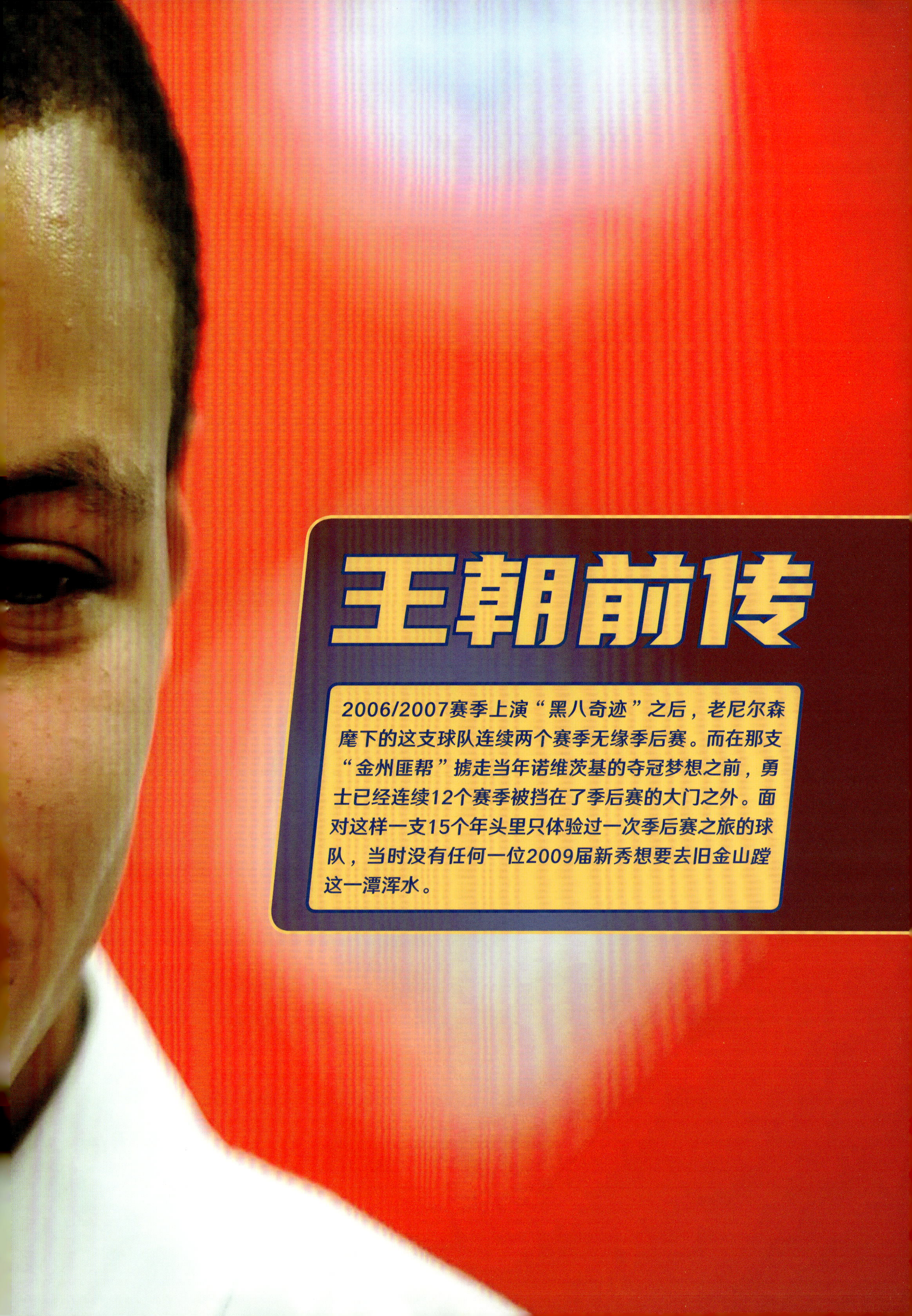

王朝前传

2006/2007赛季上演“黑八奇迹”之后，老尼尔森麾下的这支球队连续两个赛季无缘季后赛。而在那支“金州匪帮”掳走当年诺维茨基的夺冠梦想之前，勇士已经连续12个赛季被挡在了季后赛的大门之外。面对这样一支15个年头里只体验过一次季后赛之旅的球队，当时没有任何一位2009届新秀想要去旧金山蹚这一潭浑水。

情定库里

2008年11月18日，戴维森学院客场挑战俄克拉荷马大学的比赛，吸引了篮球世界的目光。当届状元大热格里芬直接对话“精灵神射”斯蒂芬·库里，这是一场你绝对不想错过的较量，刚刚随球队乔迁新居的杜兰特和韦斯特布鲁克同样来到现场，希望可以为手握探花签的雷霆来掌掌眼。

那场比赛里，身体素质火爆的格里芬11投7中，罚球12中11，高效送出25分外加21个篮板的“双20”答卷，俄克拉荷马大学的领先优势一度接近20分。尽管库里下半场带队一路风驰电掣，可还是未能填上此前挖下的大坑。不过，尽管戴维森客场告负，可库里在和“准状元”的对话中并没有输掉场子。他全场比赛命中6记三分球，罚球线上14罚全部命中，狂轰44分，创造其个人单场得分新纪录。

就在库里因输球沮丧退场之际，不少NBA球队的管理层与球探看了眼自己手中的模拟选秀名单，悄无声息地将库里的名字又提高了几个顺位。时任勇士总经理的拉里·莱利，就是其中之一。在2009年选秀大会开始之前，莱利认为库里就是下一个纳什，将其视为本届新秀中第二好的年轻球员，仅次于格里芬。

千万别被库里第七顺位的最终选秀结果欺骗，在选秀大会之前，库里早已被多支球队奉为掌上明珠。可库里以及父亲戴尔·库里心中唯一的理想球队，只有纽约尼克斯。为了帮助自己的客户前往心仪的城市，库里的经纪人杰夫·奥斯汀使尽了浑身解数，而其中让众多追逐者知难而退的撒手锏，就是拒绝试训。尽管不少球队都

➔ 效力戴维森学院时期，青涩俊朗的库里接受采访。

为库里的移动和投射能力而痴迷，但是当时库里选秀报告中的伤病隐患以及对于其能否胜任NBA级别控卫位置的顾虑，让众多谨慎的管理层，不敢在不试训的情况下，完成豪赌。

手握2009年选秀大会二号签的是孟菲斯灰熊，总经理助理肯尼·威廉姆森在选秀方面的话语权颇具分量。在第二顺位的位置上，他对库里同样有着浓厚的兴趣。威廉姆森告知库里的经纪人奥斯汀，只要库里为灰熊队老板进行试训，他就会努力说服管理层，让库里成为2009届的榜眼。没怎么犹豫，奥斯汀便果断对威廉姆森说了再见。除此之外，发出试训邀约但被库里团队明确拒绝的还有手握三号签的雷霆，拿着第五和第六号选秀权、处于重建之中的森林狼，以及1995—2009年期间，只打进过一次季后赛的勇士。虽然说拥有在第四顺位选取新秀机会的国王，有幸拿到了试训库里的机会，但是他们最终还是被训练中表现更好的泰瑞克·埃文斯所打动。

↑ 库里父子与库里的大学恩师麦基洛普进行交流。

↗ 2009年选秀大会，库里戴上了勇士的棒球帽。

灰熊、雷霆、国王、森林狼，分别在第二到第六顺位摘得塔比特、哈

登、埃文斯、卢比奥与弗林，一切都按照奥斯汀的剧本有条不紊地进行。不过，在勇士队做出选择之前，库里团队的成员们始终还是无法安定心中的焦虑。奥斯汀心里明白，勇士真的非常渴望得到库里。

“我们特别希望库里能掉落到第八顺位，”奥斯汀说道：“大家好像都在说：‘拜托了，勇士千万别选库里！’在那个时候，勇士并不是我们想要效力的球队。”

为了避免这样的情况出现，奥斯汀并非没有在事前告诫过尼克斯，他希望尼克斯做出交易，提高自己的选秀签位，提前锁定库里，不要让意外发生。可是尼克斯总裁唐尼·沃尔什并没有遵从库里团队的建议，认为已经拥有蒙塔·埃利斯的勇士，绝不可能对库里出手。

“当时尼克斯真的太想得到库里了，我甚至能在团队的气氛当中品尝到球队对库里的渴望。”在2008—2012年间担任尼克斯主帅的迈克·德安东尼说道：“尼克斯本有机会交易到森林狼手中的第五顺位选秀权，但是因为需要在交易中付出一位球员当筹码，再加上尼克斯自信认为在第八顺位足以选到库里，最终导致交易搁浅。这是我职业生涯中最大的遗憾之一。”

选秀大会开始之前，了解勇士选秀意向的奥斯汀提前告知库里，一旦他掉落到了第七顺位，就要做好前往金州的心理准备。七号签选秀倒计时

adidas
adidas
30

← 库里咬牙套的习惯由来已久。

↑ 被勇士选中后，库里参加夏季联赛的比赛。

开始，当大卫·斯特恩面对麦克风念出库里的名字的时候，麦迪逊广场花园内的所有尼克斯球迷瞬间哗然。在漫天的嘘声之中，库里双手捂脸调整了一下情绪，随后带着五味杂陈的微笑戴上了刺有勇士 Logo 的棒球帽，走上舞台与总裁握手，准备迎接自己人生的另一个新篇章。

“进入联盟之前，我想要成为纽约尼克斯的球员，而且我认为我会被尼克斯选中，”库里在 2020 年接受采访时说道：“当时我就是想要赶快掉落到第八顺位，可以顺利加盟尼克斯。结果我等来的是莱利的电话，他告诉我勇士会在第七顺位把我带去金州。”

选秀大会结束后的第二天，库里与自己的父亲以及经纪人奥斯汀，收拾行囊准备去湾区报到，参加新秀介绍会。虽然说选秀大会已经尘埃落定，但是关于自己究竟会在哪座城市开启职业生涯，库里心里还是没底。团队接到消息，就在选秀前夜，勇士拿到了太阳队对七号签的报价，他们愿意在筹码之中送出小斯，来得到选中“戴维森精灵”的机会。落地旧金山之后，勇士总经理莱利火速澄清了流言，表示自己只会在库里提前被截胡的情况下，才会考虑送出手中的七号签。

太阳队带着自己的报价失望而归，无奈错过了被视为纳什接班人的库里。与失去试训机会便放弃库里的灰熊、雷霆、森林狼，以及迷之自信的尼克斯不同，勇士和太阳是 2009 年选秀大会之中最渴望得到库里的两支球队。莱利愿意在没有试训库里的情况下出手豪赌；而当时在流言之中，愿意送出巅峰期的小斯来交易得到库里的太阳总经理，正是勇士王朝的功勋主帅，史蒂夫·科尔。

暗流涌动

过去7年的时间里，能够在选秀大会上被勇士挑中，会被不少年轻球员看作是努力修来的福气。可是在2009年的时候，你绝不能责备库里心底对于来到湾区打球这件事的抵触。

在2006/2007赛季上演“黑八奇迹”之后，老尼尔森麾下的这支球队已经连续两个赛季无缘季后赛。而在那支“金州匪帮”掳走当年诺维茨基的夺冠梦想之前，勇士已经连续12个赛季被挡在了季后赛的大门之外。面对这样一支15个年头里只体验过一次季后赛之旅的球队，没有任何一位2009届的新秀想去旧金山蹚这一潭浑水。

屋漏偏逢连夜雨，就在库里加盟短短一年之后，勇士的根基开始松动，整支球队站在十字路口的中央，显得摇摇欲坠。还记得在1994年10月份，有线电视行业巨鳄克里斯·科汉以1.3亿美元的价格收购了金州勇士。不过在他掌控球队的时间里，勇士始终无法取得成绩上的突破，重建屡屡碰壁。2009年5月，在《体育画报》评选的NBA最差老板排名之中，科汉高居

← 带队成绩不佳，老尼尔森的帅位风雨飘摇。

→ 领取2017年总冠军戒指后，勇士的两位老板古伯、拉科布合影。

第四，对于老尼尔森的过度信任，也成为美媒抨击科汉的重点。

糟糕的外界风评，再加上经济危机以及逃税1.6亿美元的指控，科汉被迫开始寻求出售勇士。经过多轮拍卖竞价，售价已经被抬高到了4亿美元，桌上的玩家只剩下乔·拉科布与皮特·古伯的财团，以及甲骨文公司创始人，2010年《福布斯》全球亿万富翁排行榜中高居第六的拉里·埃里森。

如果硬碰硬比拼财力，拉科布深知自己不是埃里森的对手，于是他决定另辟蹊径，跳脱到游戏规则之外，与科汉进行了私下的会面，他希望科汉能够给出一份目标报价，自己再决定是否要进行匹配。

对于科汉而言，竞拍的流程会不断抬高勇士的卖价，可一旦拉科布退出交易，那么科汉自然也将无法从埃里森那里得到理想的价格。考虑到拉科布曾掌控凯尔特人10%股权的经历，再加上他作为勇士季票拥有者对球队的热爱，科汉最终决定以创造当时NBA纪录的4.5亿美元售价，将勇

.com
SPALDING
NBA
WARRIORS
8

← 埃利斯曾是勇士后场核心。

↑ 2012年，巴恩斯、埃泽利和格林被勇士选中。

士的所有权交到了拉科布的手上。

为了帮助所爱的球队走出泥潭，带着商业伙伴古伯百分百的信任，拉科布亲力亲为。批准大卫·李的交易，并且裁掉了合计担任勇士主教练已有11年之久的功勋老臣老尼尔森。更加重要的改变在一年之后到来，拉科布请来了曾经湖人队的掌舵人杰里·韦斯特，为球队未来的发展出谋划策。与此同时，鲍勃·迈尔斯也以总经理助理的身份加盟了勇士。

2012年对于勇士来说算得上是决定球队命运的一个赛季。停摆结束之后，库里饱受脚踝伤病的折磨，勇士的战绩仍旧是一蹶不振，库里和埃利斯后场不兼容的问题也被逐渐暴露。在当时看来，考虑到库里脆弱的脚踝，联盟顶级得分手埃利斯似乎是勇士理所应当的选择。可在埃利斯的交易达成之后，有流言认为，投出决定命运的硬币的，并非金州勇士。根据CBS的报道，在拿到勇士的交易提案之后，雄鹿队因为脚踝伤病的隐患放弃了库里，转而选择了埃利斯。

和国王的比赛开始之前，库里来到球馆，与队友们一同在更衣室的电视机上得知了交易达成的消息。惊讶错愕中，时任勇士主教练马克·杰克逊把库里拉到了一边，对他说道："原本雄鹿想要在交易中得到的是你，但是最终我们把你留下了，接下来，我会把球队的钥匙交到你的手中。"当时在勇士队担任总经理助理的现任老鹰掌舵人施伦克表示，球队达成这笔交易的初衷并不是一定要在埃利斯与库里之间做出选择，但是最终的结果，的确让库里获得了成长与绽放的空间。

不过，防守与策应型内线博格特的到来，并没有在转瞬之间扭转勇士的困境，常规赛最后的27场比赛里，勇士输掉了22场，连续第五个赛季与季后赛失之交臂。在2012年的夏天，勇士的命运迎来了重要的转折。迈尔斯取代莱利成为总经理之后，在随后的两年时间里开启了自己一连串的神操作。

回顾2012年的选秀大会，以韦斯特和迈尔斯为首的勇士管理层，仿佛是开了天眼般的存在。第七顺位的位置上，球队选择了未来夺冠阵容中关键的3D拼图哈里森·巴恩斯；而在第二轮的总第35顺位，独具慧眼的勇士挑中了当时密歇根州立大学的历史篮板王，也是未来勇士"五小"阵容的绝对基石——德拉蒙德·格林。

加上在2011年选到的汤普森，在管理层完成了新一代阵容的搭建工作之后，勇士逐渐走上正轨。2012/2013赛季，球队在常规赛里斩获47胜35负的成绩。虽然说最终在西部半决赛里以2:4被马刺淘汰出局，但是已是再度达成了勇士近36个赛季以来的最佳季后赛战绩。看到球队终于走上正轨，完成了跨越式的蜕变，迈尔斯在2013年乘胜追击，和掘金、爵士达成三方交易，通过先签后换的方式得到了伊戈达拉。勇士王朝的阵容核心，全部就位。

勇士之踵

进入联盟之后，由于身体暂时无法适应NBA的对抗级别与比赛节奏，库里在新秀赛季初期的表现十分挣扎。在来到勇士队的前15场比赛里，库里场均只有10.4分进账。现如今，库里已经拥有了全联盟之中最稳定的罚球能力，可在那段时间里，库里的罚球命中率甚至不到八成。

为早日走出泥沼，库里开始向自己的父亲寻求建议。因为签约了相同的经纪人，保罗也会与他互通电话，告诉库里如何才能成为一位合格的NBA级别后卫。经过接近两个月时间的适应，再加上对于老尼尔森跑轰体系的逐渐理解，库里摸清了门道，迎来了进入NBA之后的第一次爆发。2010年的1月份，库里的场均得分上涨到了19.1分，三分球命中率更是来到了恐怖的48.6%，再加上场均5.1次助攻的稳定表现，库里斩获NBA当月的最佳新秀。

2010年2月对阵快船，库里轰下36分10个篮板13次助攻，成为继1993年的克里斯·韦伯之后，第一位能够在新秀赛季里单场拿到三双数据的球员；3月份，库里凭借着场均19.8分的得分再加上50%的三分

← 轻灵的库里突破后完成上篮。

→ 生涯前三个赛季，遭遇脚踝伤情的库里缺席了大量比赛。

球命中率，再度斩获当月最佳新秀；赛季收官之战，库里暴砍 42 分 9 个篮板 8 次助攻，帮助球队用一场胜利结束赛季。

尽管赛季初状态不佳，但是库里通过赛季中期的自我调整，最终交出了场均 17.5 分 4.5 个篮板 5.9 次助攻的数据答卷，三分球命中率更是高达 43.7%。2009/2010 赛季，库里击碎了外界对他瘦弱身体的质疑，单季出勤 80 场比赛，2896 分钟的总出场时间，更是位列全队第一，联盟前二十。勇士虽然仅仅取得了 26 场胜利，但他们在库里身上看到了未来的希望。可谁也没想到，隐秘在黑暗中的伤病之魔，已经对库里亮出了獠牙。

长着一副娃娃脸的库里平日里看起来可可爱爱，可是他内心的刚强，远超人们的想象。2010/2011 赛季初期，库里开始频繁遭遇右脚脚踝扭伤的困扰。勇士在赛季前两个月，一度能够在西部高居第五，看到了重返季后赛的希望，在脚踝伤病尚未痊愈的情况下，库里咬牙硬拼，单赛季依然交出了 74 场的出勤数字。不过在 2010 年底，勇士遭遇两波连败，再加上库里因脚踝伤病连续缺席，球队的

GOLDEN STATE
30

← 库里与医疗人员沟通身体情况。

↑ 核心力量的提高是库里避免伤病的关键。

节奏也被搅得稀碎。2011 年的夏天，库里回到了自己成长的夏洛特，完成了右脚脚踝肌腱的修复手术。

手术顺利、幸福完婚、停摆结束，库里对于新赛季的到来踌躇满志，可命运没有手下留情，给了年轻的库里当头一棒。2011/2012 赛季，脚踝伤病来得更加迅猛且锐利，像是一头眼亮寒光的饿狼，不断啃食撕咬着库里的跟腱。对于库里来说，虽然全季仅代表勇士出场了 26 场比赛，但是这一年无疑是煎熬且漫长的。到了 2012 年的 4 月底，库里又一次躺在了手术台上，准备将自己的命运，交到曾为上百位 NBA 球员执行过手术的医师理查德・菲克尔手中。

在把库里送入梦乡之前，菲克尔将一切可能的情况向其团队与家人进行了阐明。如果其右脚跟腱需要结构重造，甚至需要取用他人遗体的跟腱部位，以修补库里的受伤部位。麻醉剂的推入很快便带走了意识，微型的医疗摄像头像一条灵蛇一般在库里踝关节中穿梭巡查。在屏幕上，菲克尔看到了事后被他形容为“蟹肉”一般的破损组织，炎症、红肿、骨刺以及软骨碎片随处可见。不过好消息是，库里受伤部位并无结构性损伤，只需要细致清理，就可以顺利接受手术，进入康复流程，恢复周期只需要三到四个月的时间。

实际上，手术只是整个复健过程中最简单的部分。对于库里来说，真正的挑战在于要精确定位导致他在过去两年中频繁出现脚踝伤病的原因，并且通过制定针对性的训练方式，在未来的比赛中帮助他尽可能地规避潜在的风险。幸运的是，在手术医师菲克尔、私人训练师布兰登・佩恩之后，

↑ 库里与助教弗雷泽一同训练。

→ 科尔加盟勇士后，与迈尔斯合影。

库里遇到了康复中的第三位贵人，力量体能训练师——柯克·莱尔斯。

还记得在高中毕业前，莱尔斯患上了髋关节撞击综合征，这个伤病终结了他的职业篮球运动员梦想，他也因此对运动医学产生了浓厚兴趣。看到困扰库里的脚踝痼疾，莱尔斯联想到了这个曾经终结自己篮球梦想的伤病。在他看来，库里总是因为追求快速变向以及超高的动作频率，让脚踝承受了巨大的压力。莱尔斯认为，想要在不改变打法的情况下解决问题，库里必须要加强并用好臀部力量，来为脚踝分忧。

在莱尔斯的带领之下，库里开始长时间泡在力量房里，提高自己的核心力量。锻炼平衡能力和核心力量的高难度单腿飞机跳动作，库里可以轻松完成；第一节训练课里，强化臀大肌和大腿肌的六角杠铃硬拉动作，库里做得无比标准，而其他球员要达到同样效果通常要一周。跟随莱尔斯训练前，库里硬拉从来没超过250磅，但第二年，这个成绩已经提升到了400磅，甚至达到了库里体重的两倍。在硬拉项目上，勇士队里只有身高2.11米，体重265磅的强力中锋埃泽利比他更强。

“斯蒂芬总是泡在训练馆里，按照计划一点一点练。”队友克雷·汤普森说，“他练力量的时间，和练跳投的时间一样多。”通过自己的努力，再加上佩恩、莱尔斯、助教弗雷泽以及球鞋团队的协作，库里治愈了自己的阿喀琉斯之踵，勇士王朝就此在库里的带领之下，开始驶入起飞的跑道。

科尔入队

↑ 杰克逊与球队内部关系不佳，最终被科尔取代。

↗ 以库里为核心，科尔为勇士量身打造了独特的进攻体系。

站在山巅回看过去，在二十一世纪初，不算2006/2007赛季上演“黑八奇迹”的“金州匪帮”，勇士在世纪之交前后接近20年的时间里，是一支名副其实的烂队。在拉科布接手球队之后，便从教练组与管理层下手，进行全面的改革与人员迭代。2011年，马克·杰克逊接过了勇士的帅位，成为一位指引勇士沿着正轨迈进的初期舵手。

在他执教勇士的三个赛季时间里，勇士两度杀入季后赛，已经超过了过去17个年头的总和。勇士的新阵容逐步开始展现季后赛级别的稳定竞争力，球队内外看起来更是一片欣欣向荣，可就在最让人意想不到的时候，教练组炸出惊雷。执教勇士三年硕果颇丰，且将“水花”锻造成型的马克·杰克逊，被管理层裁掉了。

虽然勇士内部乍一看风平浪静，可球队管理层对杰克逊的忍耐早已经达到了极限。据悉，杰克逊并不擅长处理人际关系，甚至连简单的和平协作他都无法做到。其教练组成员布莱恩·斯卡拉布赖恩因为与杰克逊执教理念不合，而被下放发展联盟；另一位助教达伦·厄尔曼则因为在教练会议中偷录内部语音，提供给球队管理层，被直接扫地出门。杰克逊的团队，已经完全失控。

“杰克逊无法组建出一个最好的教练团队，”拉科布在谈到解雇杰克逊的原因时说道：“另一部分的原因是杰克逊无法和球队内的其他人和谐相处，他的工作能力确实出色，我会在其他方面称赞他，但是你不能让球队内部有200多号人不喜欢你。”

另一边，已经将两个孩子顺利送进

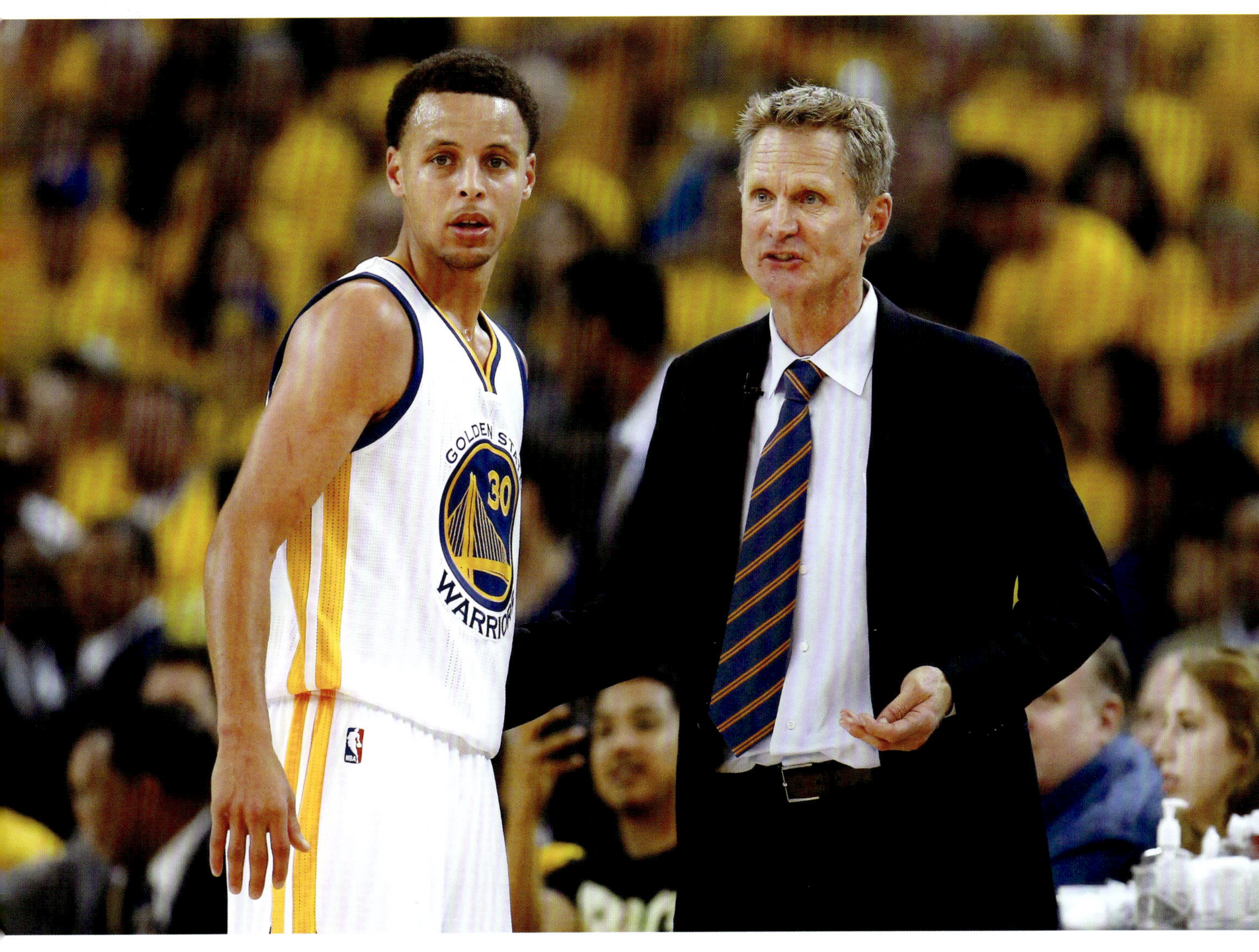

大学的科尔，开始将NBA主教练的职位当作自己的下一个目标。在当时看来，跟随自己的导师菲尔·杰克逊前往尼克斯是顺理成章的选择。不过与当时的尼克斯相比，勇士的球队与阵容状态更加出色，再加上金州拥有科尔在担任太阳队总经理时期求而不得的库里，湾区的吸引力进一步增加。

2014年的5月份，科尔在俄克拉何马城机场的会议室里完成了长达三个小时的面试。16页的PPT里，科尔详述了自己对领导力、人际关系、数据分析的看法，分析了自己会在球队战术、球员发展和轮换时间上做出的改变，甚至连着装准则、瑜伽训练师以及训练专家的相关细则，都没有被科尔落下。最后，科尔给出了由大卫·布拉特、埃尔文·金特里和罗恩·亚当斯组成的助教名单，深得拉科布之心。拉科布知道，这就是他想要寻找的，能够将大局尽在掌握的勇士的理想型主教练。

来到勇士的首个赛季，科尔先要解决的是进攻问题。作为球队的智囊，杰里·韦斯特始终弄不明白，为什么一支拥有库里和汤普森的球队，会经常在进攻端断电。携手“进攻大脑”金特里，科尔打造出了一套被金特里称为“大熔炉”的进攻体系。观察勇士队的进攻套路，你会看到“禅师”的三角进攻、德安东尼的防守反击、斯隆的低位交叉，更重要的，是来自波波维奇，极其强调转移球的流动性进攻体系。

“就是引入更多的转移球以及球员在球场上的无球移动。”金特里在阐述勇士的新体系时说道。这套崭新的进攻套路在首个赛季就给勇士带来了巨大的变化。前一个赛季，勇士队的场均传球数为245.8次，位列全联盟倒数第一。而在2014/2015赛季中，勇士的场均传球次数上升到了联盟第九，场均助攻次数则来到了联盟第一的高度。从强调个人能力的挡拆与单打，到最大化每一位团队成员作用的无球和传切，早已配齐硬件的勇士终于等来了最适合球队的顶级系统，王朝的最后一块拼图，完成了最终的搭建。

幕后英雄 **乔·拉科布**

最懂烧钱的老板

他不是NBA最富有的老板，却是最敢于花钱的老板，创造了NBA单赛季薪金+奢侈税总额历史纪录。都说库班是"疯狂老板"，但实际上乔·拉科布比他更疯狂、更激进。

拉科布出生在一个普通犹太后裔家庭，斯坦福大学MBA出身，曾是著名投资公司KPCB（凯鹏华盈）的股东。

拉科布一直对篮球充满兴趣，投资过美国女子篮球联赛和发展联盟球队，还在2006年收购了凯尔特人部分股份，成为绿军的小老板。拉科布见证了凯尔特人2007/2008赛季组建"三巨头"并且夺得了总冠军的成功。

2010年拉科布和好友皮特·古伯联手以4.5亿美元买下勇士。随后古伯做了甩手掌柜，将球队交给拉科布经营。

拉科布并没有照搬绿军的成功经验，他看人的眼光很准，做事雷厉风行，敢于抓住机会豪赌，这就是商界成功老板的特质。拉科布步步为营，推动着勇士不仅接连夺得冠军，还在吸金能力方面大幅度提升。

拉科布将经纪人出身的鲍勃·迈尔斯挖来，从总经理助理做起，然后成为总经理，如今的迈尔斯被誉为联盟中最好的总经理之一。

拉科布敢于让此前没有执教经验的史蒂夫·科尔当主帅，如今的科尔成为新一代美国教练的旗帜性人物，以主帅身份拿到4枚总冠军戒指，还取代波波维奇成为美国男篮主帅。

随着勇士战绩提升，球队的市值一路攀升。根据《福布斯》杂志的统计，2022年，勇士的市值达到了56亿美元，相比拉科布和古伯2010年买下球队时，提升了51.5亿美元。

拉科布投资建造了大通中心，并且将勇士主场从奥克兰搬到旧金山。勇士的门票收入暴增，2022年总决赛勇士球票均价达到了3249美元，仅一场总决赛比赛，勇士的门票收入就将达到恐怖的5869万美元，创造了历史纪录。

勇士在2021/2022赛季的薪金和奢侈税总额达到创纪录的3.4亿美元，成为联盟中最烧钱的球队，但是联盟第一的吸金能力，使得拉科布有烧钱的底气。球队虽然如此烧钱，但如果勇士取得佳绩，并不会亏损。拉科布给勇士设立的底线是单赛季支出不要超过4亿美元，如此豪爽的他比独行侠老板库班和快船老板鲍尔默更霸气。他不仅是最敢烧钱的老板，更是最懂烧钱的老板，因为他的钱都用在正确的地方，也获得了更多的回报。

← 乔·拉科布和皮特·古伯一起举起2022年总冠军奖杯。

↓ 乔·拉科布与妻子尼科尔·库兰参与2022年勇士冠军游行。

王朝趣闻
GOLDEN STATE
9
WARRIORS
OHIO'S
CAVS
5

“死亡五小”到底是谁的主意？

2014/2015 赛季总决赛，勇士在大比分 1:2 落后时，于系列赛第四战启用了所谓的“死亡五小”阵容，也就是撤下了当时球队的首发中锋博格特，将本来替补的锋线球员伊戈达拉提进首发阵容。这样一个颇有搏命意味的变化，被冠以“死亡阵容（Death Lineup）”的称呼，也就是球迷们所熟知的“死亡五小”。但估计连勇士自己都没能预料到，这个阵容调整，不仅扭转了一场比赛的形势，也逆转了当年整轮总决赛的走向，更成为勇士王朝的杀招。

后来，在讨论到这次勇士变阵的内幕时，很多人都将功劳记在了时任勇士助理教练卢克·沃顿的头上，更是有传言说，他才是勇士“死亡五小”阵容的灵感之源。不过，这个传言并不准确，向勇士主教练科尔提出变化阵容想法的人的确是他的一位助教，但这位助教绝非沃顿，而是尼克·尤伦（右侧小图图右）。

这个名字可能对一些球迷来说有些陌生，但其实尤伦从 2009 年开始，就已经进入勇士队工作，成了一名助理录像剪辑师。2014/2015 赛季，也就是科尔成为勇士主教练之后，尤伦凭借出色的工作表现获得了晋升，成为球队的进阶球探部门经理，兼任主教练的特别助理。正是后面的这个职位，让他获得了可以直接跟科尔沟通，给他提出各种意见的可能。2014/2015 赛季总决赛第四战开始前，也正是尤伦建议科尔，可以考虑启用小个阵容去对抗骑士。

“很多人在讲述这段往事的时候，都认为我们是在总决赛里才第一次用这样的阵容，”尤伦说，“但事实却是，我们此前就尝试过，虽然用得不多，但史蒂夫的确在常规赛中就派出过这套阵容，而且每次都能取得不错的效果。总决赛并不是我们首次尝试这样的阵容打法，所以我们在做出决定前也充满信心，因为此前的每次尝试，结果都不赖。”

虽然尤伦非常自谦，但科尔在 2015 年总决赛第四战结束后接受采访时，明确地提到正是尤伦的建议，让他做出了变阵的决定。只不过不知道为什么这个故事在传播的过程中，主人公就变成了卢克·沃顿。

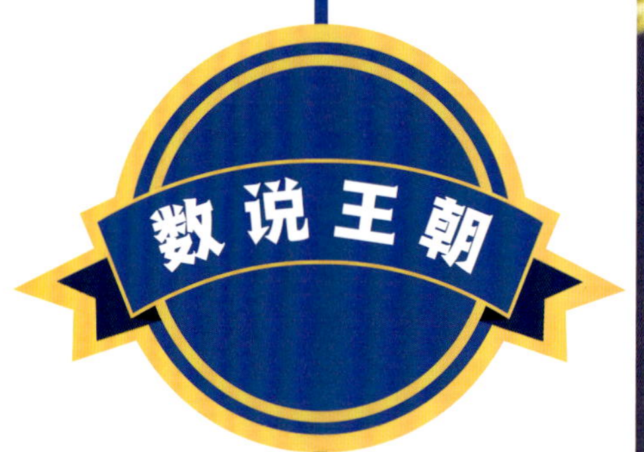

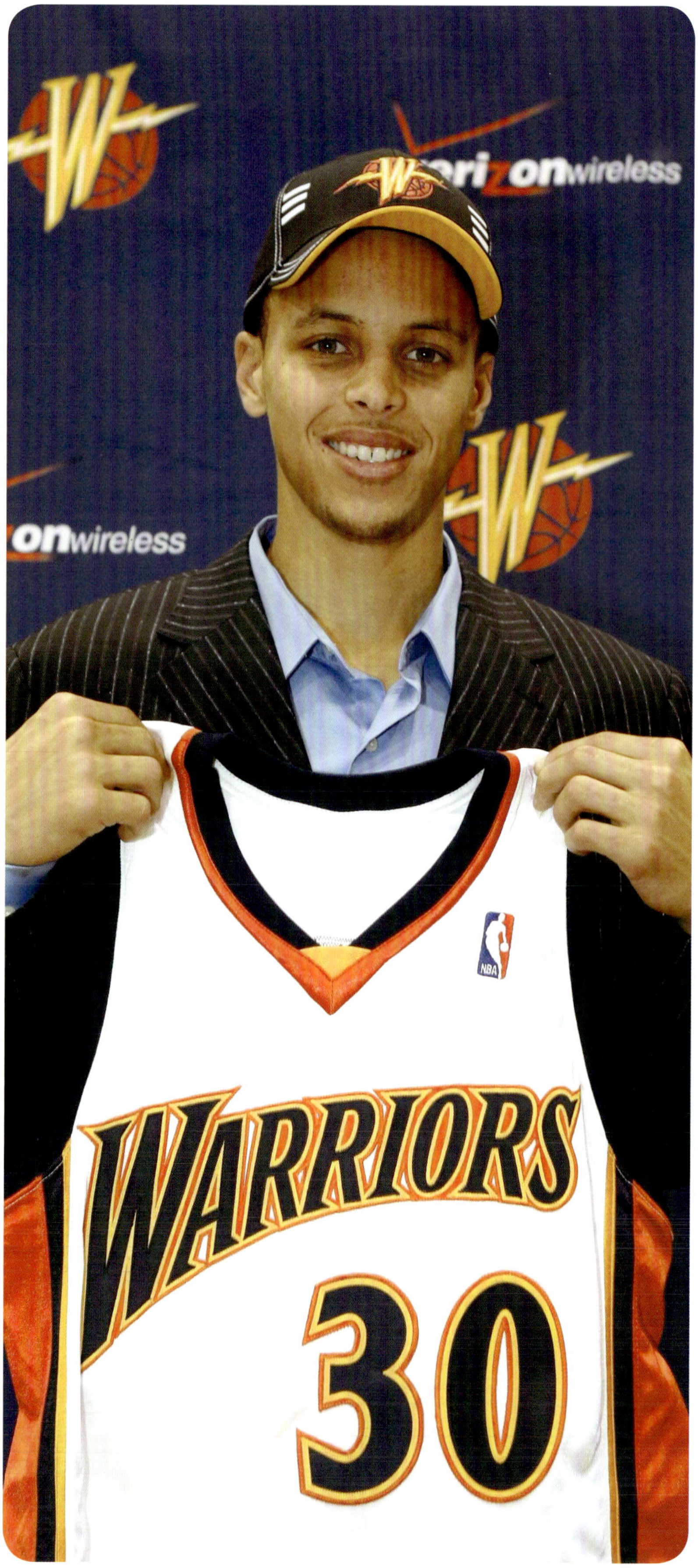

数说王朝

166

2009年，库里在首轮第七顺位被勇士选中。自从他来到NBA之后，便开始缔造有关三分球的纪录。在新秀赛季，库里便合计投中了166个三分球。尽管现如今回望过去，单赛季166个三分似乎算不了什么。但在当时，库里也创造了NBA新秀球员单赛季命中三分球数的纪录。

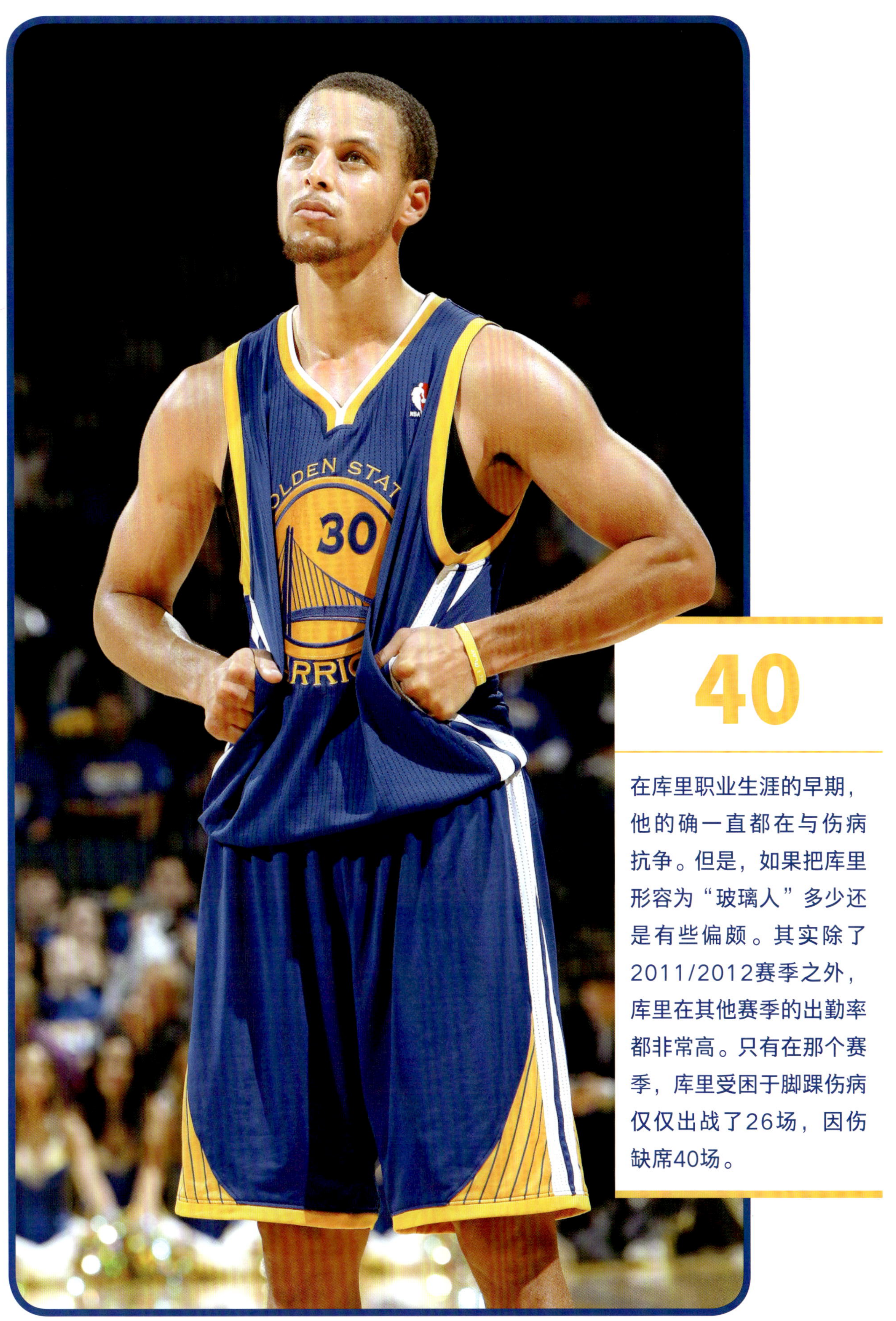

40

在库里职业生涯的早期，他的确一直都在与伤病抗争。但是，如果把库里形容为“玻璃人”多少还是有些偏颇。其实除了2011/2012赛季之外，库里在其他赛季的出勤率都非常高。只有在那个赛季，库里受困于脚踝伤病仅仅出战了26场，因伤缺席40场。

现如今，勇士已经是体育世界当中市值最高的球队之一。但在当年拉科布与合作伙伴古伯联手拿下这支球队的时候，勇士还处在低谷期。当年，二人买下勇士时只花了4.5亿美元。如今勇士的市值达到56亿美元，球队市值在12年的时间里增长了51.5亿美元。

272

2012/2013赛季，库里单赛季命中了272个三分球，在当时打破了由雷·阿伦保持的单赛季三分球命中数纪录。从那之后，库里一直都在刷新着这一纪录，现如今依旧是NBA历史上唯一一位单赛季三分球命中数超过400颗的球员。

AUTHENTIC
FAN
CSN
GOLDEN STATE
WARRIORS

新王加冕

2014 年的夏天，绝大多数人都把目光放在了勒布朗 · 詹姆斯身上。最终，他选择离开热火回到骑士。而在西海岸，同样发生了一件改变联盟格局的事情。勇士队与马克 · 杰克逊分道扬镳，聘请史蒂夫 · 科尔作为主帅。或许没有人能想到，科尔的到来竟能让勇士一跃成为冠军球队。更没有人能想到，勇士与骑士会在接下来四个赛季连续碰面于 NBA 总决赛。

勇士高歌

2014/2015 赛季，勇士队以一波五连胜开局。然而，他们却在五连胜之后连续不敌太阳和马刺，这支球队看起来与上个赛季相比并没有太大的不同。令所有人意想不到的是，自 2014 年 11 月 14 日击败篮网开始，勇士队便一发不可收拾地连续赢下 16 场比赛，以 21 胜 2 负的战绩强势开局。

其实在那个赛季开始之前，更多人认为马刺、骑士、雷霆才应该是总冠军的热门候选。但勇士队在上半赛季便异军突起，引起了很多人的兴趣。究竟是为什么，这支球队能够在短短几个月之间就取得如此大的进步，并且能够成为常规赛战绩最好的球队之一？

这一切都与科尔的到来有着不可分割的联系，他针对球队的阵容做出了改变。伊戈达拉进入替补席，巴恩斯在场上有更多的戏份。大卫·李在赛季开始之后不久受伤，德拉蒙德·格林成了他的替代者。当然，更重要的还是科尔针对球队的打法，进行了一定的调整。在马克·杰克逊麾下，库里已经是绝对的全明星级别球员，但科尔认为库里还能更大化自己的作用。于是，他开始安排库里通过无球发起进攻，并且强调了球的转移。

2013/2014 赛季，勇士场均传球次数排在联盟相对靠后的位置。马克·杰克逊更多地安排库里持球出手三分球，利用队友的挡拆来为他创造投篮空间。这种打法的确令库里受益良多，但球队的整体进攻效率却只能排在联盟第 12 位。有其他球队的教练私下里曾经这样说道：“勇士阵中有库里、克雷这样的神投手，又有博格特、大卫·李这样能够策应的内线，进攻表现无论如何也不该是这样的水平。”

科尔就是从这方面入手，他增加了库里的无球戏份，增加了球队的掩护与转移球。尽管他在执教勇士之前，并没有担任 NBA 球队主教练的经历。但科尔曾经在菲尔·杰克逊与波波维奇两位大师手下有过打球的经历，在设计战术的时候他会糅杂进三角进攻以及马刺动态进攻的内容，让勇士队成为联盟转移球能力最出色的球队之一，进攻效率自然也就从 2013/2014 赛季的联盟第 12，提升到了联盟第 2 位。

尽管库里的数据相较于 2013/2014 赛季甚至有些下滑。但他的效率有着明显的提升，个人之于球队的作用也体现得更为明显。在马克·杰克逊麾下，库

里是一位全明星级别的球员。而在科尔的麾下，库里真正叩开了超级明星的大门，并且成了联盟的MVP。

2014/2015赛季的常规赛当中，勇士队合计赢下了67场比赛，是全联盟战绩最好的球队。东部那边老鹰也赢下了60场比赛，但他们阵中并没有一位个人表现足够有说服力的球星。因此，那年MVP争夺战主要就集中在库里与哈登之间。“大胡子”在数据上并不逊色于库里，但效率与战绩还是与勇士核心存在差距。更为重要的是，双方在常规赛合计进行了4次交锋，勇士队完成了对于火箭队的横扫。

最终的投票结果显示，库里一共拿到了100张第一选票，毫无悬念地捧起了MVP的奖杯。此前几年库里经历了很多风雨，但在这一刻所有的努力都得到了回报。“过去的时光有好有坏，有很多不忍想起的经历，今天我能站在这里领奖，心中也只有感恩。”他在领取MVP奖杯时说道。

西部半决赛与灰熊交锋的第二场，库里在甲骨文中心捧起了MVP奖杯。在那场比赛之前，勇士以一波5连胜开启季后赛征程。不少人都认为，勇士能够兵不血刃将灰熊斩落马下，但挑战却在那一刻悄然而至。

← 担任勇士主帅之前，科尔以球员身份拿到了5次总冠军。

→ 在科尔的体系之下，库里完成了全明星到MVP的转变。

←季后赛与灰熊系列赛的第二战，库里举起了MVP奖杯。

→系列赛第六战，库里拿下32分，淘汰灰熊，晋级。

披荆斩棘

在甲骨文中心球迷的注视下，库里捧起了MVP的奖杯。然而，在勇士与灰熊西部半决赛第二战当中，他们却以90:97不敌对手，将系列赛的主场优势拱手让人。加冕MVP的那个夜晚，库里只有19分入账，没能延续自己一整个赛季在三分线外的神奇表现。

赛后他在接受采访时无奈地说道："也许我们今天有些过于兴奋，所以很多平时能投进的球，我们今天都投不进。我们都意识到在季后赛中取得16连胜是不太可能的，但是我们相信我们会好起来的，就像我们在这个赛季中经常做的那样。"

接下来系列赛前往灰熊主场，本以为勇士能够迅速完成调整，重新取得系列赛的领先。结果，灰熊再度以99:89击败了勇士。他们强势的防守与凶悍的对抗，给勇士队带来了巨大的压力。那场比赛结束之后，很多人开始对勇士的前景有所担忧。

第三战结束之后那天晚上，库里、格林、大卫·李以及内线球员艾泽利来到了孟菲斯当地一家餐厅吃饭，他们针对过去两场比赛进行了交流，并且与教练组展开了沟通。于是到系列赛第四战开打的时候，勇士队做出了一个调整变化。即安排博格特去对位灰熊的托尼·阿伦，如果博格特下场休息，就让德拉蒙德·格林去对位托尼·阿伦。

事实证明，这样一个对位调整在当时拯救了勇士。托尼·阿伦缺少射程，在进攻端几乎没有任何存在感。安排内线球员对位托尼·阿伦，几乎可以将他完全放空，然后去夹击兰多夫或是小加索尔。数据统计显示，系列赛第四战博格特共计 22 次对位托尼·阿伦，在这些回合当中灰熊共计 18 次出手只命中 3 球，且出现了 6 次失误。整场比赛下来，灰熊只有 84 分入账。

在后面的比赛之中，灰熊大幅度减少了阿伦的出场时间，勇士队的进攻端所要面对的压力小了很多。此外，科尔更多安排伊戈达拉出战改打小阵容，提升了勇士队的进攻节奏，他们也终于打出了自己相对习惯的篮球。系列赛第六战，重返孟菲斯的勇士以 108:95 击败灰熊，总比分 4:2 将对手淘汰。在那个夜晚，库里投中 8 记三分球，砍下了 32 分，他的脸上再度洋溢起了标志性的微笑。

↑库里的第一次西决之旅，其实并没有遇到太多波折。

不过在多年之后，当库里重新提起那轮系列赛的时候，他似乎依旧心有余悸。“那轮系列赛对我们来说意义重大，当时我们连续第三年打进季后赛，取得了常规赛第一。我还得到了我首个 MVP，一切都走在正确的轨道上，但我们却被扇了一巴掌。”库里说道，“我们得弄清楚怎么做出回应，显然这是个很棒的故事，第三战结束后我们做出了调整，明白了得怎么去逆转系列赛，那是我们接下来出色表现的跳板。”

淘汰灰熊之后，勇士在西部决赛当中与火箭交锋。常规赛两大 MVP 热门候选人会师分区决赛，剧情本应该跌宕起伏。然而，就像常规赛轻松横扫对手一样，西部决赛中的勇士也没有经历太多的波折。他们以 4:1 的总比分淘汰火箭，时隔 40 年再次杀入了 NBA 总决赛当中。在勇士的对面，勒布朗·詹姆斯带领着骑士从东部突围。当时恐怕没有任何人能想到，这两支球队居然要连续在总决赛碰面四年。

骑士在首轮与凯尔特人的交锋当中，便折损了他们的大将乐福。总决赛第一战，欧文也在比赛的最后时刻伤退，并且确定要缺席后面的总决赛。当勇士队以 108:100 击败骑士队，取得总决赛的开门红之后，几乎所有人都认为勇士将轻松击败阵容不整的骑士赢下总冠军。但就像此前与灰熊那轮系列赛的回放一样，骑士接下来连下两城，又一次将勇士逼到了悬崖边上。

王者加冕

面对 1:2 落后的局面，勇士再度变阵。他们在系列赛第四战将博格特撤下，安排伊戈达拉先发，将德拉蒙德·格林推到中锋位置上。后来人们将格林、伊戈达拉、库里、汤普森、巴恩斯同时在场的这套阵容，称之为勇士的“死亡五小”。但在当时，科尔安排这样一套阵容先发出战，心里多少还是有些没底。毕竟在总决赛第四战之前，这套轮换在季后赛当中合计只出战了 62 分钟，从没有过一起先发出场的经历。

科尔并非“五小”阵容的发明者，当时球队当中有一位年仅 28 岁的工作人员尼克·尤伦向科尔提出了这一建议。平日里，他主要担任科尔的助理，有一次他把自己的这个想法告诉了主帅。尤伦在后来接受采访的时候表示，“五小”阵容是马刺给他带来的启发。在 2014 年总决赛当中，马刺曾经做过一个变阵调整，他们撤下斯普利特，安排迪奥出任先发，最终以 4:1 的总比分击败热火夺冠。当勇士队陷入危机关头的时候，尤伦便建议科尔也进行类似的调整。

对于是否采纳尤伦的建议，科尔进行了深思熟虑。直到系列赛第四战即将开打的那天早晨，他才决定做出变阵。当时球队正在进行投篮训练，科尔对球员们表示伊戈达拉将代替博格特先发，格林出任球队的中锋。“德拉蒙德是我们阵中最高的球员，这样一来会不会显得我们的阵容有些太过于海拔不足？”当时勇士队内对于究竟是否要变阵，其实还存在着一定的分歧。

↓孤军奋战的詹姆斯，一度给勇士带来了巨大的麻烦。

←“死亡五小”亮相，伊戈达拉提上先发改变了总决赛的走势。

↓时隔40年之后，勇士再度登上了世界之巅。

比赛开始之后，情况一度对于勇士并非特别有利。骑士在主场以12∶2开局，莫兹戈夫多次利用自己的身高优势抢下前场篮板，完成二次进攻，眼瞅着骑士直奔赛点而去。但勇士队教练组依旧保持着耐心，球员发展教练德马科第一个敏锐地发现，尽管骑士的开局很出色，但局势其实在朝着利好勇士的一方偏转。“你看，我们在场上的空间正在变得越来越好。”他在当时这样对尤伦说道。接下来，巴恩斯、伊戈达拉都开始命中三分，库里打得轻松了许多，高效射落22分。另一方面，伊戈达拉以先发身份出战，也能更好地限制勒布朗，第四战詹姆斯全场只有20分入账。最终，勇士在客场以21分的优势大胜对手。

“变阵是想让5个人都能跑起来，伊戈达拉打得特别棒，他防守勒布朗的经验很丰富。他让对手的投篮变得更难，他是球队的双队长之一，他非常聪明。”科尔在总决赛第四战赛后说道。

与对阵灰熊一样，第四战成为系列赛的转折点，这次变阵也成为NBA历史上的经典故事之一。第五战勇士队回到自己的主场，他们已经完全占据了系列赛的上风。紧接着便是在克利夫兰的第六战，勇士没有再给对手任何机会。他们以 105:97 击败了骑士，时隔 40 年之后再度捧起了 NBA 总冠军的奖杯。

其实就在一年之前，这支球队还在为突破季后赛首轮而努力。但在 2015 年的夏天，他们却成了 NBA 总冠军，这一年对于勇士来说如此地梦幻。不过，最终的总决赛最有价值球员归属，却多少有些令人意想不到。场均砍下全队最高 26 分的库里，甚至没能得到哪怕一张 MVP 选票。输掉总决赛的勒布朗・詹姆斯，还在最终的投票当中收获了 4 张选票，剩下的 7 张选票都归伊戈达拉所有，他也就成了那一年总决赛的 MVP。

直到现在，2015 年总决赛 MVP 的归属依旧是 NBA 历史上最具争议的事件之一。不过，伊戈达拉始终都认为，他捧起 MVP 奖杯是实至名归的结果。2022 年总决赛期间，有媒体联系到了当年参与投票的评审们，他们普遍都表示不会对自己当年的选择后悔。作为其中的代表，名记马克斯坦这样说道："我之所以选择伊戈达拉，是因为是他来到先发，从而改变了系列赛最终的平衡。人们忘记了伊戈达拉在第六战砍下 25 分，也忘记了在勇士 1:2 落后的时候球队情况的一团糟。他们是在骑士缺少乐福和欧文的情况之下输掉了两场比赛。直到伊戈达拉先发才改变了此前的情况，所以我会把票投给伊戈达拉。"

完美开局

尽管勇士队在2015年夏天已经是“黄袍加身”，但似乎并没有太多人看好他们能够在2015/2016赛季完成卫冕。尤其是在圣安东尼奥马刺得到阿尔德里奇之后，银黑军团在赛季之前似乎才被看作是2016年NBA总冠军最大的热门。

勇士队上下把这种被低估的状态视作前进的动力，但他们却在新赛季开始之前，得到了一个非常糟糕的消息。球队的主教练史蒂夫·科尔因为背部伤势，恐怕在赛季初期不能到现场参与执教。经验更为丰富的罗恩·亚当斯并没有成为球队的代理主帅，而是由此前并没有NBA球队执教经历的卢克·沃顿坐上了勇士主帅的位置。外界普遍都认为，沃顿担任勇士的临时主帅，可能会让这支球队在开局阶段无法打出特别理想的战绩。在季前赛当中，勇士队的表现就不是特别出色，仅仅赢下了7场比赛之中的3场。

然而，当常规赛揭幕之后，勇士就变成了截然不同的一副模样。他们以创纪录的24胜0负开局，为后面打破“96公牛”创造的单赛季72胜纪录奠定了良好的基础。

↑科尔因伤缺席，沃顿在赛季初期担任代理主帅。

→新赛季伊始，库里与勇士都展现出了出色的状态。

揭幕战面对鹈鹕，勇士在主场领取了冠军戒指，升起了冠军旗帜。在甲骨文中心19596名球迷的注视下，他们轻松以111:95击败了对手，库里命中了5记三分球砍下40分，早早就终结了比赛胜负的悬念。几天之后，两支球队再度相逢。金特里在防守端给予了库里更大的压力，但勇士核心却用更疯狂的表现回报这位曾经在勇士工作过的主帅。他疯狂砍下了53分，仅在第三节就有28分入账。

前三战打完，勇士场均得分高达119分，进攻端的表现似乎没有因为科尔的缺席而受到任何影响。第四战面对老对手灰熊，勇士又一次得到了110分以上的高分。更为重要的是，他们在防守端也打出了冠军水准。在那个夜晚，勇士限制得灰熊只有69分入账。“在防守端我们的表现一直都很好，这是此前很多人所忽视的。”伊戈达拉说道。

尽管卢克·沃顿此前并没有担任过NBA球队的主帅，但他已经在勇士队工作了一段时间，且有职业球员的经历，非常善于和勇士队的球员们沟通。在他的麾下，勇士队球员们都打得非常自在与快乐。在进攻端，他们打出了更多的挡拆。在防守端，勇士队则将换防发挥得淋漓尽致。上个赛季季后赛的秘密武器“死亡五小”，也时不时被放在场上，因此勇士总是能够打出一波流。

直到2015年11月15日与篮网的那场较量，勇士才第一次遇到挫折。克雷·汤普森因为背部不适而缺席，库里的手感也在那个夜晚多少有些冰冷。首节战罢，篮网就领先勇士15分。第四节开始的时候，篮网依旧手握7分的领先优势。贾里特·杰克面对旧主，三节就轰下了22分。利文斯顿主动请缨去防守杰克，沃顿一度还对他不是特别信任。但后来的结果证明，利文斯顿的确在第四节很好地限制了杰克，后者在第四节与加时赛合计只出手8次命中1球。在常规时间还剩下10秒的时候，勇士依旧落后3分。这一次是伊戈达拉站出来，在乔·约翰逊面前命中一记三分球，帮助球队将比赛拖入加时，最终逆转击败了篮网。

没几天之后，勇士又遇到了一场硬仗。快船主教练里弗斯在接受采访的时候说道："勇士上个赛季夺冠有很多的运气成分，他们遇到的每一个对手都存在着伤病的情况。"那几年勇士和快船本就有些宿敌的味道，里弗斯的这番话让两队的交锋变得更具火药味。然而，勇士却在开局阶段显得有些准备不足，他们在首节便落后对手 16 分，最多的时候一度落后快船 23 分。

所有人都认为，快船将会终结勇士的开局连胜。但勇士却慢慢开始反击，他们还是从防守做起，防下对方之后快推转换，逐渐缩小着场上的分差。到第四节还剩下 1 分 47 秒的时候，库里接格林传球命中三分，帮助球队完成了反超。此后，快船再也没能反超比分，在主场眼睁睁看着对手完成大逆转，将自己的连胜场次延续到 13 场。

"在那个时候，当我们赢下了这样一场胜利，我感觉已经没有对手可以阻挡我们。"库里说道。

← 伊戈达拉的关键球，帮助勇士延续着他们的连胜。

↓ 那几年，勇士和快船间的恩怨故事非常精彩。

其后，勇士又连续击败了公牛、爵士、猛龙等球队，带着开局22胜0负的战绩来到了印第安纳。当时他们处在一波东部六连客当中，步行者、凯尔特人与雄鹿是卫冕冠军连续客场之旅的最后三个对手。尽管勇士在与步行者和凯尔特人的交锋当中都取得了胜利，将开局连胜场次积累到了24场，但他们其实也已经显露出了疲态，这也为后来球队不敌雄鹿终结开季的连胜，埋下了伏笔。

与步行者一战，克雷的爆发让勇士早早便领先28分。比赛看起来已经失去了悬念，但步行者其实并没有放弃，他们一度将分差缩小到只有6分。勇士不得已又把先发重新替换上场，但克雷·汤普森却在比赛的尾声阶段扭伤了自己的脚踝，缺席了接下来与凯尔特人的对决。而在与凯尔特人一战当中，布拉德利的防守一度令库里有些难受，勇士经过双加时才赢下比赛，取得最终的胜利。

他们与雄鹿的对决，不仅仅是连续客场的最后一战，还是背靠背的第二战。更为不巧的是，勇士队离开波士顿的时候，还在机场经历了一些波折，直到比赛当天凌晨四点他们才抵达飘着大雪的密尔沃基。库里后来回忆起那场与雄鹿比赛的时候说道："我们已经尽力想要打好，但那场比赛的感觉就像是置身地狱一般。"最终，他们以98:105不敌雄鹿，一段伟大的征程在密尔沃基最终画上了句号。

↓ 勇士赛季初的疯狂，给人以无可阻挡的感觉。

→ 当库里命中这记准绝杀，MVP之争已无悬念。

全票MVP

以24胜1负的战绩开局，勇士已经缔造了新的NBA历史纪录。几天之后他们又一次与雄鹿相逢，这一次，勇士在主场兵不血刃地击败了对手，继续着他们征服世界的旅程。

除了球队的疯狂战绩之外，库里的个人表现同样令人瞠目结舌。虽然库里在2014/2015赛季就已经是联盟的MVP，但他在常规赛的个人数据似乎并不是特别具备说服力。可在2015/2016赛季，库里的疯狂从赛季的首战持续到了赛季的最后一战。

当科尔回到球队的时候，勇士队的战绩已经来到了39胜4负。其后，勇士队其他球员们随着赛季的深入开始展现出一定的疲态，球队的整体防守也随着赛季的深入开始有些下滑。但是，库里却依旧保持着火一般的手感与状态，时不时砍下40、50分，帮助球队不断接近公牛当年创下的纪录。

尤其是在二月份，库里场均能够贡献36.7分5.6个篮板7.3次助攻。月初面对奇才砍下51分，月末连续面对热火、魔术、雷霆合计轰下139分。尤其是与雷霆的那场较量，库里在一度扭伤了脚踝的情况之下还是投中12记三分球，轰下46分。更为令人印象深刻的，莫过于他在比赛最后时刻的那记超远三分，帮助勇士赢下了最终的胜利。

后来杜兰特在回忆起那场比赛时还会说道："那是一个超远绝杀，是我这辈子此前都没有见过的绝杀球。"

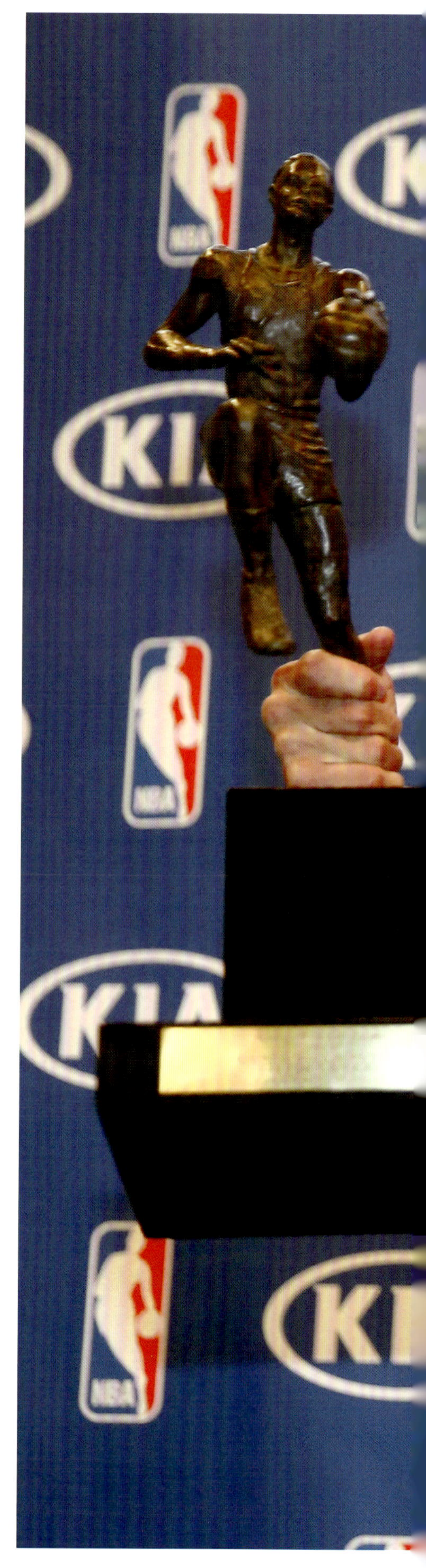

↑ 库里单赛季射落402记三分，勇士73胜功成。

→ 迄今为止，库里仍是唯一一位全票MVP。

在那个赛季当中，库里也曾经经历过一些起伏，但他总是能够很快地完成调整。勇士队一直都在西部领跑，但马刺那个赛季的常规赛战绩同样了得，这也在一定程度上激发了勇士队去挑战 NBA 历史纪录的决心。在常规赛还剩下两周的时候，勇士终于锁定了季后赛的主场优势。他们想要打破公牛的纪录，就需要在最后 9 场比赛里面赢下 7 场。

主场 3 分惜败凯尔特人，一度让勇士的局势不再那么乐观。其后，他们又输给了森林狼，库里在那场比赛当中的表现也不是特别出色。可在赛季的最后四场比赛中，勇士取得了一波四连胜。最后一战面对灰熊，只要勇士取胜，他们就能打破公牛的纪录。最终，库里疯狂地投进了 10 记三分球砍下 46 分，帮助球队取得了比赛的胜利。

其实早在三月底，MVP 的归属便已经失去了悬念。勇士最后以 73 胜 9 负的战绩结束了常规赛，库里场均能够攻下 30.1 分 5.4 个篮板 6.7 次助攻，另有 2.1 次抢断。除此之外，还有一系列其他纪录被库里在那个赛季所创造。首先，他成为 NBA 历史上单赛季命中三分最多（402）的球员，这一纪录至今仍未被打破，三分命中率也达到了恐怖的 45.4%。其次，库里成为单赛季“180 俱乐部[㊀]”的一员，并且是其中场均得分最高（30.1 分），真实命中率[㊁]同样最高（66.9%）的球员。还有便是，库里在那个赛季的 PER 效率值[㊂]高达 31.5，排在 NBA 历史第八，创下控卫位置单赛季最高。最后，库里还成了 NBA 历史上射程最远的球员：那个赛季，他有 565 次出手在 25 英尺以外，命中率高达 46.4%。与之形成鲜明对比的是，联盟其他球员在这一位置的平均命中率只有 35.4%。

个人表现如此震撼，团队又取得了 73 胜 9 负的战绩。顺理成章的，库里蝉联常规赛 MVP，并且成为 NBA 历史上第一位全票 MVP。有意思的是，当年库里不仅仅在 MVP 的评选当中胜出，他在进步最快球员的评选当中同样也拿到了不少选票，险些成为 NBA 历史上第一位同年中拿到 MVP 与进步最快奖的球员。

㊀ “180 俱乐部”是指球员整个赛季的投篮命中率至少为 50%，三分球命中率至少为 40%，以及罚球命中率至少为 90%。——编者注

㊁ 真实命中率（TS%）是一项衡量出手效率的百分比数据，计算公式是 TS%=PTS/（2×FGA+0.44×FTA），是与得分、投篮出手次数和罚球出手次数相关的量。——编者注

㊂ PER 效率值是约翰·霍林格发明的一体化篮球评分，试图将球员的贡献全部用数字来体现，他使用详细的公式开发了一个系统用以评估每位球员的数据表现。——编者注

KIA
KIA
KIA
KIA
KIA

悲剧结尾

携常规赛 73 胜之威，勇士开启了他们季后赛的征程。首战火箭，勇士队早早就拉开了分差，库里像在常规赛那样仅用不到 20 分钟就攻下了 24 分。然而，他却在一次争抢球权的过程当中滑倒，痛苦地捂着自己的膝盖。后经检查，库里的膝盖内侧副韧带拉伤，为勇士队的季后赛征程蒙上了一层阴影。

在库里缺席的情况之下，勇士三军用命依旧轻松淘汰了火箭。并且在第二轮与开拓者系列赛的前三场交锋当中赢下了其中的两场，那轮系列赛的第四战库里伤愈归来。以替补身份出战的他砍下了 40 分，其中包括创纪录地在加时赛中狂砍 17 分。看起来，库里似乎又回到了自己常规赛无所不能的状态。殊不知，属于勇士的磨难这才刚刚开始。

西部决赛他们与雷霆交锋，常规赛中勇士完成了对于雷霆的横扫。然而，西部决赛首战对手便给了勇士当头棒喝。随后，勇士在系列赛第二战大胜对手，但却在第三战、第四战连续输球，一度以 1:3 的总比分落后于对手。在常规赛无往不利的勇士，被雷霆的天赋所压制。即便是科尔祭出压箱底的小阵容，似乎也显得无济于事。雷霆队这边让伊巴卡出任中锋，换防能力同样出色。数据统计显示，当雷霆让伊巴卡担任中锋时，他们净胜勇士队 34 分，投篮命中率高达 71.4%，而勇士在面对这个阵容时，投篮命中率只有 33.3%。

系列赛第五战，勇士重新回到自己的主场，他们已经命悬一线。在这个时候，唯有超级明星迎来爆发，才有机会让勇士延续系列赛的希望。本场比赛，库里终于结束了此前的低迷，拿下了自己本轮系列赛的第一个 30+。比赛最后时刻，他先是抢断杜兰特成功，其后又回到进攻端单打亚当斯突破上篮得分。这一球帮助勇士锁定胜局，其后他大声喊着："我们不会就这样回家！"

如果说第五战属于库里，那第六战就是克雷·汤普森的舞台。在那个夜晚，勇士一度面对绝境，直到第四节还剩下 9 分钟的时候，他们依旧还落后着 8 分。然而，神奇的一幕出现了，克雷如有神助一般在第四节疯狂砍下 19 分。整场比赛，克雷命中了 11 记三分球，轰下 41 分，活生生把勇士从生死线上拉了回来。

比赛结束之后，勇士老板拉科布守候在球员通道内。见克雷走了过来，他直接跪地"膜拜汤神"。后来又有一次克雷在系列赛第六战打出逆天表现，他在走回更衣室的路上大喊："我们的老板在哪里？"自那之后，"G6 汤"便成了江湖之中永恒的传说。

← 即便库里因伤缺席，勇士依旧轻松淘汰火箭。

→ 从此，江湖当中开始有了"G6 汤"的传说。

↑ 连续第二年，勇士再度和骑士在总决赛相逢。

→ 2016年总决赛第六战，库里六犯离场。

抢七大战重回勇士的主场，他们没有再给雷霆任何机会。从1:3落后，到4:3完成逆转，勇士看起来已经迈过了季后赛最难的一道坎。总决赛再度面对上个赛季的对手骑士，尽管勒布朗的球队这一次阵容齐整，且各个位置上相较于上个赛季甚至还有所补强，但勇士队依旧轻松地连下两城，带着2:0的比分前往克利夫兰。系列赛第三战，骑士在主场取胜，但第四战勇士又靠着库里的38分再下一城。当勇士带着3:1的总比分回到主场时，几乎所有人都认为总决赛即将结束，勇士队又将收获一个属于自己的完美赛季。

可就在总决赛第五战开始之前，勇士队这边收到了一则噩耗。NBA官方表态称，格林在总决赛第四场比赛中的报复动作被追加为一级恶意犯规，这意味着他将在总决赛第五场中自动停赛一场。此前在与雷霆系列赛的第三战，格林便因为脚踢亚当斯裆部而被追加二级恶意犯规。与骑士第四战最后时刻，他又和詹姆斯发生了冲突。詹姆斯从格林头上跨过，后者起身后击打了詹姆斯的裆部。通过骑士方面向联盟上诉，最终联盟追加给了格林一级恶意犯规。由于他的恶犯积分已经达到3分，因此在第五战被禁赛。

这样一来，勇士的整体实力其实被削弱了不少。但他们依旧还是在主场打得气势如虹，首节战罢还领先 3 分。然而，主力中锋博格特也在比赛之中因伤退场，导致球队的两位内线球员都无法出战。系列赛第五战的下半场，勇士队的内线就像无人区一般，詹姆斯、欧文连续杀入内线得分，他们二人在那场比赛合力砍下了 82 分，帮助骑士以 112 比 97 取胜，将系列赛拖入到了第六战。

尽管格林可以在系列赛的第六战归来，但双方在气势上却正在发生微妙的变化。骑士似乎看到了逆转的可能，不仅仅是因为他们赢下了第五战的胜利。更是因为他们找到了限制库里的办法，进攻端无限寻找库里进行单打，尽可能消耗他的体能。而在防守端，则是祭出包夹防守，给巴恩斯一定的出手空间。后来的事实证明，骑士的这两项策略都收获了满分的效果。

第六战到骑士主场，科尔直接以“死亡五小”开局。但是，他似乎还是无法阻挡勒布朗得分，詹姆斯在那一战再度砍下 41 分，骑士在首节便领先勇士多达 20 分。库里不仅仅在攻防两端都被骑士特殊关照，他的犯规积累速度也非常快。第四节还剩下 4 分 22 秒的时候，库里领到了自己全场比赛的第六次犯规。他对于裁判的吹罚非常不满，狠狠地将牙套摔在了地上，又被吹罚了一个技术犯规。尽管在那个夜晚库里也砍下了 30 分，但他却显得非常郁闷。因为犯满被驱逐是其一，更重要的是球队输掉了这样一场关键比赛。库里的妻子阿耶莎在赛后吐槽那场比赛的吹罚，她说道：“这场比赛一定被操控了！”

所幸的是，抢七大战依旧是在勇士的主场进行。汤普森在比赛前接受采访的时候说道：“如果你在赛季之前告诉我，只需要赢下一场比赛我们便能赢下总冠军，那其实是再好不过的事情。”尽管在比赛开始之后，库里与克雷没能快速进入攻击模式，但勒布朗这边同样也在短时间内出现了多次失误，骑士队的前八次三分球出手更是无一命中。靠着格林在上半场的出色发挥，勇士在半场结束的时候领先骑士 7 分。然而，所有人都知道 7 分差距在总决赛当中算不了什么。

后来重新谈起那场较量，当时在场上打球的骑勇球员们依旧都表示，那场抢七可能是他们职业生涯经历过对抗强度最强，且也是最为令人窒息的一场较量。当时不仅仅场上对抗激烈，场下骑勇双方的球迷也在看台上发生了冲突，甚至有一位勇士球迷从看台上跌落，所幸没有大碍。

下半场开始后不久，骑士就追上了比分。当晚科尔的轮换安排，直到现在依旧还被不少人质疑。他将埃泽利放在先发阵容当中，并且在第四节关键时刻依旧把他放在场上。勇士一

度打出一波 6:0，看起来有拉开比分的趋势，但埃泽利连续犯错，让勇士先前的努力付诸东流。同样的，库里也在比赛最后阶段出现了一次背传失误。两支球队在比赛的最后 3 分多钟内，将对抗强度提升到了另一个等级之上，200 多秒时间里面没有哪怕一位球员能够得分，场馆内的氛围紧张到令人窒息。直到库里与伊戈达拉那次转换进攻机会的出现，甲骨文球馆才重新恢复了生机。然而，勒布朗就像超人一般拍马赶到，盖掉了伊戈达拉的必进球。回过头来欧文面对库里撤步三分球命中，甲骨文球馆鸦雀无声，胜负的天平倒向了骑士一边。

开局 24 胜 0 负、常规赛 73 胜、全票 MVP、总决赛 3:1 领先，到这一刻勇士此前所创造的所有辉煌，都褪去了应有的光芒。库里面对乐福的防守三分不中，詹姆斯回过头来造犯规两罚一中，骑士队已经提前开始了属于他们的庆祝。

胜负一线间，悲喜两重天。当勒布朗面对转播镜头高喊“Cleveland, this is for you”，库里和队友们已经回到了更衣室内。他抱着头，心里满是苦楚。那一晚，勇士更衣室内所有人沉默不语，只能听到眼泪落下的声音。

↑在抢七大战当中，常规赛 MVP 库里似乎失去了魔力。

→詹姆斯追帽伊戈达拉，仿若将勇士钉上了耻辱柱。

幕后英雄 **布兰顿·佩恩**

金牌训练师改变库里命运

迈克尔·乔丹成功的背后有金牌训练师蒂姆·格罗弗的帮助。詹姆斯身后则有他的御用训练师曼西亚斯。NBA 球星如果遇上优秀的训练师，可以推动自己的职业生涯变得更伟大。

← 佩恩是库里不断变强的幕后推动者。

↑ 2015年，佩恩和库里一起捧起总冠军奖杯。

↓ 佩恩指导库里进行力量训练。

库里在遇见布兰顿·佩恩之前是一位容易受伤的球员，被外界视为“玻璃人”。如果没有遇见佩恩，或许库里的篮球生涯不会像现在这么出色。

2011 年夏天，美国夏洛特，库里走进布兰顿·佩恩的“加速篮球”训练中心，他的命运由此发生改变。库里是听了朋友的介绍，有这样一个训练中心，他打算来这里进行一些恢复训练，为下赛季做准备。

佩恩是一位喜欢钻研的训练师，他创造了不少新颖的训练方法。库里接受佩恩的训练之后受益良多。

库里得到的第一个好处是他不会再像过去那样频繁扭伤脚踝，身体也变得越来越强壮。曾经的库里偏瘦，对抗比较吃亏。但是这些年训练下来，他的身体已经变得非常强壮。

官方资料显示，这位两届 MVP 得主的体重为 185 磅（大约 83.9 公斤），但库里在 2022 年说自己实际上已经 200 磅（大约 90.7 公斤）了。

库里在经过佩恩特训后收获的另外一个效果，是让库里的出手更快，反应更敏捷。库里的出手速度本就很快，佩恩做的是让库里变得更快，天下武功唯快不破。佩恩不仅要让库里的运动速度和出手速度提升，在场上做出各种决策反应也要加快。

“你可以是全世界速度最快的球员，但如果你在场上一直做错误的决策，那你的速度也就没有作用了，”佩恩曾经这样告诉库里，这就是他的“加速篮球”理念。

库里精益求精，他的三分球越来越凶猛，2015/2016 赛季，库里将单赛季三分球纪录提升到恐怖的 402 个。如今他已经超越雷·阿伦成为 NBA 历史三分总数之王，并且在不断刷新纪录。库里的进攻更有保障了，而他的防守也在提升，2015/2016 赛季，他成为联盟抢断王。

对于库里为什么能够不断变好，精益求精，佩恩透露了一个秘诀，他一直在鼓励库里。“我告诉他‘你还能做得更好，你应该达到另外一个目标’，如果你感觉你自己能打得更好，那你就能打得更好。”佩恩说。

佩恩的这一招和另外一位著名训练师蒂姆·格罗弗（当年曾挖掘乔丹潜能）是一样的。格罗弗特别擅长激发球员身上的潜能，让球员不断进步。库里在 2022 年如愿加冕总决赛 MVP，让自己的历史地位又升一阶。佩恩对于库里很满意，同时也很佩服。“现实是，库里在力量、速度、敏捷性等方面仍在进步，尽管这听起来很疯狂。”佩恩说道。

王朝趣闻

夺冠演讲显示主帅功力

执教的首个赛季就带队拿到了 NBA 总冠军，史蒂夫·科尔的执教能力获得了外界的一致认可。而且，除了排兵布阵与运筹帷幄的功夫让人称道外，科尔也有非常出色的口才。2015 年的夺冠庆典上，科尔的一番演讲给当年的那个赛季画上了一个完美的句号。

在那次演讲中，科尔一反常态，没有将各种溢美之词送给球员和球队的工作人员，而是把所有夸奖的词汇与话语都堆砌到自己身上。“一年前我获得这份工作时，我当时就觉得任务艰巨，因为我们并没有很多有天赋的球员，球队整体的投篮也很薄弱，我认为自己有很多工作要去完成。”科尔在演讲的开头如此说道。

现场一片哗然，但科尔不疾不徐，继续说道：“在九个月的时间里，我必须教会库里和汤普森如何投进那些远距离的投篮，教会巴恩斯和利文斯顿以及其他侧翼球员如何去防守五个不同位置的球员。另外，我还得在九个月里教会格林如何带着激情和自信去打球，去冲着对手、球迷、他自己的妈妈以及教练组喷垃圾话。”

言至于此，所有人都恍然大悟，原来科尔实在用自夸的方式，将勇士阵容中每一个球员的特点和优势传达给所有人。当他评价起拿到总决赛 MVP 的伊戈达拉时，现场的气氛更是达到了顶点。“我必须教会伊戈达拉如何去运球、传球、投篮、抢篮板以及防守勒布朗·詹姆斯，还要教会他在总决赛中表现出前所未有的坚韧与强悍。”科尔说完这句，现场欢呼和掌声已经响成一片。勇士夺冠道路上的一幕幕，又重新出现在所有人的脑海中。

演讲的结尾，科尔将这种夸奖上升到整个球队的高度。“不管走到哪里，总能听到人们对这支球队的评价，”科尔说，“大家都夸我们打得是如此不可思议，在比赛中那么有爆发力，每个人又都很沉着，在采访中也能把控住自己。是的，我在九个月的时间里做到了这一切，所以，谢谢大家。”

通过这次演讲，科尔展现了他的智慧，更展现了他对每个球员的了解，这样一段别出心裁的演讲，更加彰显了科尔与当下其他 NBA 教练间的不同。

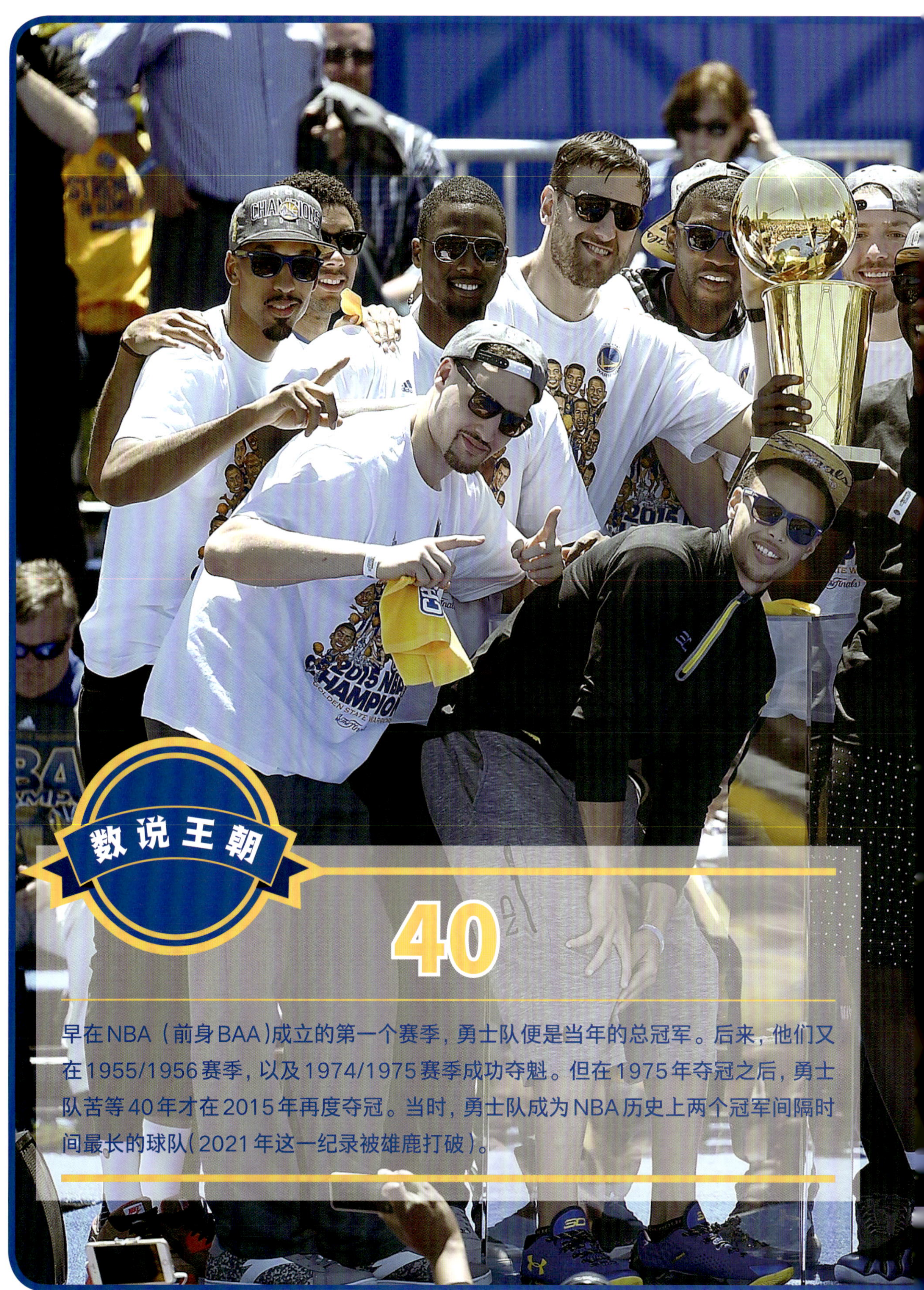

数说王朝

40

早在NBA（前身BAA）成立的第一个赛季，勇士队便是当年的总冠军。后来，他们又在1955/1956赛季，以及1974/1975赛季成功夺魁。但在1975年夺冠之后，勇士队苦等40年才在2015年再度夺冠。当时，勇士队成为NBA历史上两个冠军间隔时间最长的球队（2021年这一纪录被雄鹿打破）。

33

勇士队主帅史蒂夫·科尔以菜鸟教练身份，帮助勇士队拿到了最终的总冠军。自1981/1982赛季的帕特·莱利以来，他是过去33年内第一位以菜鸟身份帮助球队拿到总冠军的主教练。

+21.3

在2014/2015赛季总决赛当中，“死亡五小”成为勇士队最终赢球的关键。总决赛的六场比赛，当伊戈达拉、库里、汤普森、巴恩斯、德拉蒙德·格林同时登场的时候，勇士百回合净胜骑士21.3分。

+10.3

在2015年总决赛当中，伊戈达拉扮演着奇兵的角色。系列赛的转折点就是他担任先发，勇士改打“五小”阵容。在那年总决赛当中，当伊戈达拉下场的时候，勒布朗的命中率有44%，骑士合计净胜勇士30分。当伊戈达拉在场的时候，勒布朗的命中率只有38%，勇士净胜骑士55分。总决赛当中他的场均正负值高达+10.3，位列众人之首。

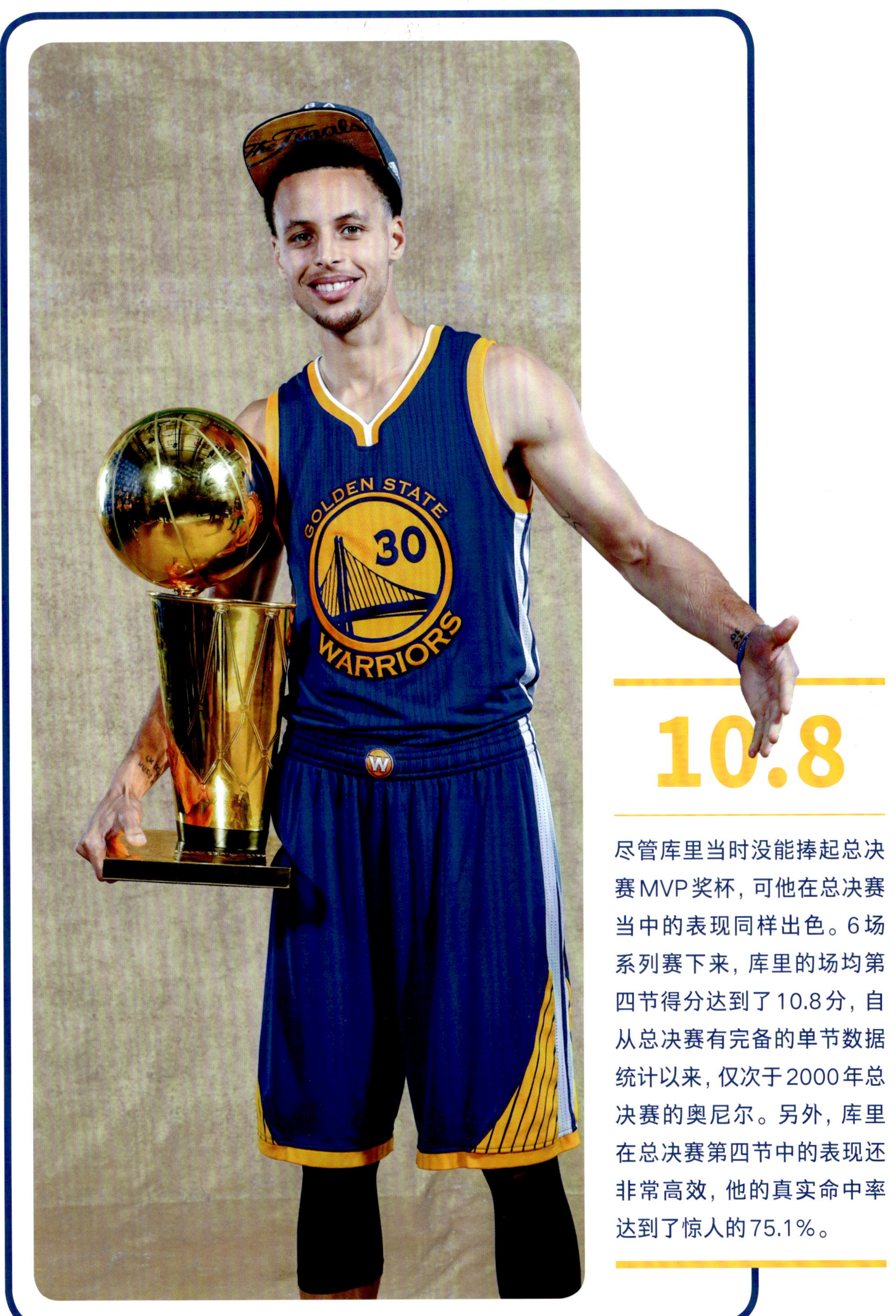

10.8

尽管库里当时没能捧起总决赛MVP奖杯，可他在总决赛当中的表现同样出色。6场系列赛下来，库里的场均第四节得分达到了10.8分，自从总决赛有完备的单节数据统计以来，仅次于2000年总决赛的奥尼尔。另外，库里在总决赛第四节中的表现还非常高效，他的真实命中率达到了惊人的75.1%。

73胜9负

在2015/2016赛季常规赛中，勇士队最终取得了73胜9负的战绩。在NBA历史上，一共只有两支球队单赛季赢下过70场胜利。1995/1996赛季的公牛单赛季曾经72胜10负，勇士队在2015/2016赛季创造了新的NBA历史纪录。

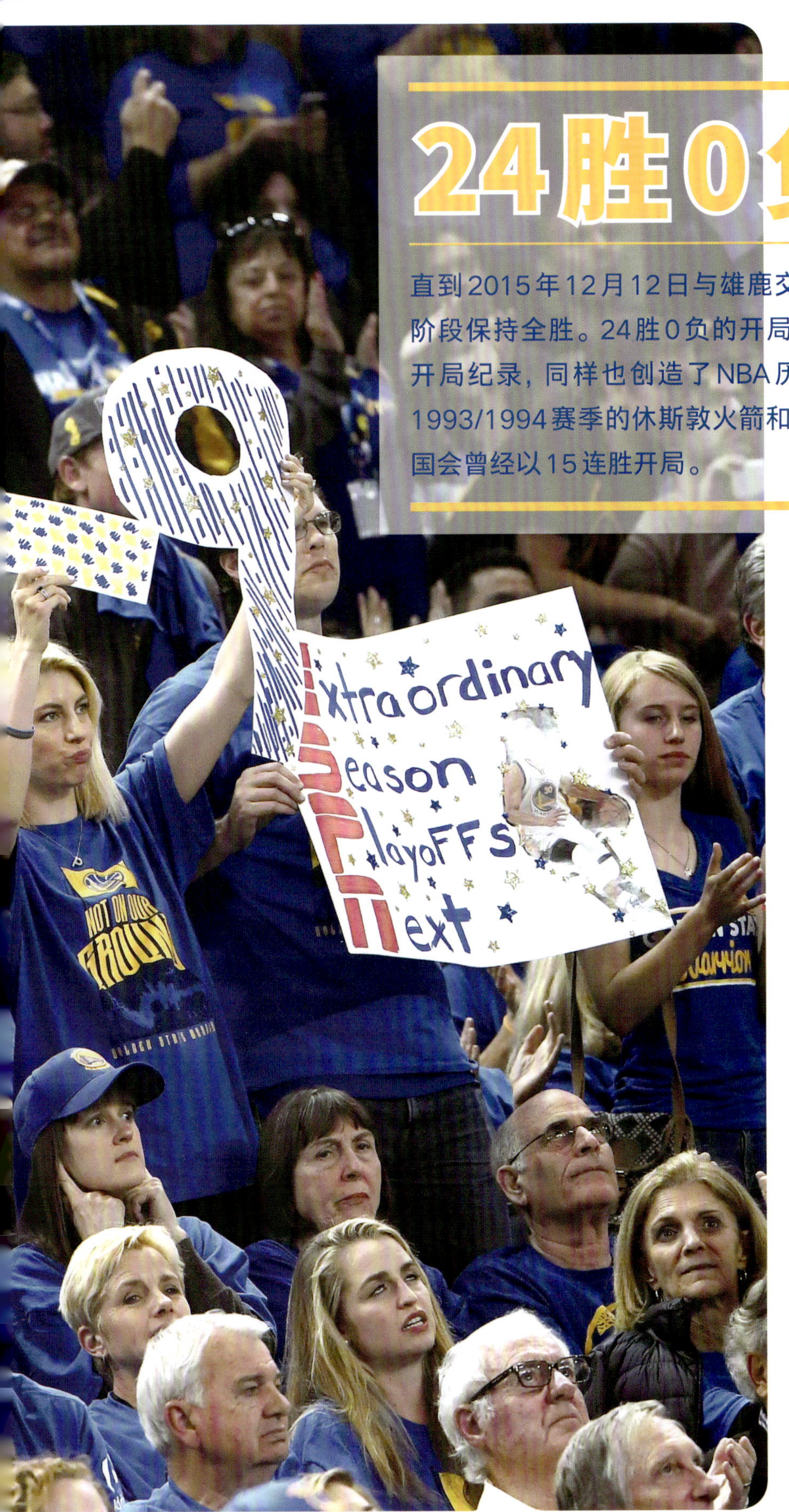

24胜0负开局

直到2015年12月12日与雄鹿交锋之前，勇士在赛季开局阶段保持全胜。24胜0负的开局不仅创造了勇士队史最佳开局纪录，同样也创造了NBA历史最佳开局纪录。此前，1993/1994赛季的休斯敦火箭和1948/1949赛季的华盛顿国会曾经以15连胜开局。

34

在2015/2016赛季当中，勇士队在客场取得了34胜7负的战绩。单赛季客场34胜创造了NBA历史最佳单赛季客场战绩。

131

在2015/2016赛季NBA常规赛MVP的投票当中，库里拿到了全部131张第一选票，他是NBA历史上迄今为止唯一一位全票常规赛MVP。

402

在2015/2016赛季当中，库里单赛季命中了402记三分球，创造了NBA历史个人单赛季三分球命中纪录。到目前为止NBA历史上单赛季命中三分球总数前五名当中，库里独占四席。

CHAMPS
2018
NBA

无敌巨舰

73 胜未能夺冠，总决赛 3:1 领先被逆转，当嘲笑和讽刺朝勇士袭来，新的历史正待书写。或许一切都是命中注定，当所有元素集合在一起时，一支恐怖到令人胆寒的队伍踏上舞台。

汉普顿五小

奥克兰当地时间2016年6月19日深夜，德拉蒙德·格林坐在甲骨文球馆停车场的车内。他刚刚打出个人总决赛生涯的最佳表现，15投11中轰下32分15个篮板9次助攻，三分8中6，失误只有2次。但格林并不高兴，因为他们输给了勒布朗·詹姆斯和凯瑞·欧文率领的骑士，遭遇耻辱的3:1逆转，丢掉了总冠军。

格林拨了一通电话，那一头是勇士总经理鲍勃·迈尔斯，他告诉对方要签下杜兰特，“靠你了。”

挂断之后，格林又拨了一通电话，这一次他打给的是凯文·杜兰特，那个两周之后会加入他们的男人。

这是一次蓄谋已久的劝诱，伏笔甚至埋在2014年——杜兰特拿到MVP的年份。当时NBA联盟谈成了一份新的天价电视转播合同，数额达到9年240亿美元。那一刻人们就意识到，2016年夏天联盟可能迎来工资帽的腾飞。于是早在2015/2016赛季行进时，就已经传出下一年工资帽将暴涨2000万以上的消息。简单来说，那个夏天会有21支球队拥有签下杜兰特的顶薪空间，其中就包括已经拿下常规赛创纪录73胜的勇士。

在金州人创造历史的一路上，他们早已开始对杜兰特进行招募。2015/2016 赛季初雷霆陷入挣扎时，一些勇士球员就已经向杜兰特抛出了橄榄枝，短信、电话、社交媒体私信，在那些官方难以取证的灰色地带，联络悄悄进行着。到了 2016 年 2 月，杜兰特征战金州客场前正好有两天休息，他去现场以摄影师的身份观看了在加州举办的第 50 届“超级碗”，库里和格林也在同一片场地中。

但真正完成一锤定音的，是那次发生在纽约汉普顿豪宅内的会面。

杜兰特在自由球员市场开放前圈出了自己想要会面的 6 支球队，除了雷霆是和他提前在俄城就进行了沟通，勇士、马刺、热火、快船和凯尔特人这 5 队都被安排在汉普顿与杜兰特进行会面。为什么是汉普顿？杜兰特的经纪人里奇·克莱曼说：“KD 是个大好人，在那之后我们要去中国行，为了能让我多陪陪家人，他选择让我离家人更近的汉普顿进行会面。但这也是最糟糕的部分，我那个周末压根也没时间见自己的孩子！他们甚至不知道我在干嘛！”

勇士是第一支和杜兰特碰面的队伍，他们在 2016 年 7 月 1 日完成对话，因为迈尔斯最先给 KD 拨了电话。他们的游说团队无比豪华，包括库里、汤普森、格林、伊戈达拉，以及主教练史蒂夫·科尔，总经理迈尔斯，老板乔·拉科布和他的儿子——球队助理总经理科克·拉科布。汤普森提前两天抵达汉普顿，玩得不亦乐乎，其余人员则在和 KD 会面前一天与其会合。

“该说什么呢？”这是勇士四位核心球员踏上招募之旅时的内心疑问，但他们很快达成共识。迈尔斯表示：“这就像一次约会，你希望对方喜欢的是你本身，而不是你假装出来的另一个人，因为那早晚会露馅的。”

于是会面自然而然地开始了。过程是老套的，勇士这边向杜兰特兜售他们的优点，科尔在一些剪辑好的录像片段中阐释 KD 加盟后的角色和意义，但更多的部分完全由球员们主导。杜兰特不断发问，勇士这边轮番回答，库里很真诚、格林手舞足蹈、伊戈达拉充满智慧、汤普森则有着独一无二

← 2016 年 6 月 19 日，总决赛 G7，欧文关键三分埋葬勇士。

↓ 纵观 NBA 历史，都称得上顶级天赋的五人组。

的幽默感。

“我抛出的第一个问题是，你们差一点点就夺冠了，为什么还想让我加入球队呢？”杜兰特回忆，“而他们的反应就好像我疯了，那感觉是为什么不呢？这非常非常特别，每个人都和我想法类似，太完美了，所有人都把自我摆在一旁。”

彼时的杜兰特已经是联盟里的超级球星，但他内心仍有自卑的部分。从高中开始，他的名字就总是和“第二”挂钩。无论已经做到多好的地步，KD 却认为自己总是无法得到相称的评价。“我不知道别人到底如何看待我的比赛，我知道自己很好、很努力，但我渴望从其他球队、高管，渴望从对手那里得到确认。所以当他们在会面时表达了那一切时，我就觉得，真的太棒了。”杜兰特说道。

后来，杜兰特和勇士四将离开房子，他们五名球员单独去外面的树林里聊了半小时左右。相比于略显正式和拘谨的室内对话，所有人都感觉散步时的沟通要轻松很多。“他问我们，你们觉得我们合作会怎么样？我们就说，什么怎么样？一起打球就行了，你想干嘛就干嘛，就这么简单！”伊戈达拉说。

会面结束后，勇士一行人挤上小巴士离开，没有人知道杜兰特会不会

←2015/2016 赛季西部决赛，库里带队逆转雷霆。

→2016年7月7日，杜兰特正式加盟勇士。

加入，他们心里没底。与此同时，KD早在勇士招募团队迈进自己房子的时候就已经想要加入他们了，会面中的一切对话就仿佛蛋糕上的樱桃，是帮助他下定决心的锦上添花。

如果你想知道勇士招募团队的核心是谁，答案当然是库里。KD曾直截了当地询问勇士控卫，“你为什么希望我加入？”因为按惯常逻辑，KD的到来势必要挤压库里的球权，甚至影响他的队内地位。你猜库里怎么回答？库里在2年后接受采访时说：“我忘了。”因为这对库里来说根本不重要，他永远把团队摆在第一位。

但好在其他在场人员以及库里于会面后几个小时发给KD的那条短信记录了一切。那条短信的大意是：我一点也不在乎谁是这支球队的头号球星，不在乎谁能得到最多的肯定，不在乎谁的鞋卖得更好。

2天之后的晚上，杜兰特把一通三方电话同时拨给了乔·拉科布和迈尔斯。第二天上午，他在《球星看台》上发布了那篇著名的亲笔信《我的下一章》，宣布加盟勇士。

而那五位钻进汉普顿豪宅门外小树林、后来成为勇士“叱咤风云五人组”的家伙，获得了“汉普顿五小”的俏皮代号。

一队之下？

当拿到常规赛73胜的勇士得到凯文·杜兰特时，人们达成了一个共识：无论你称他们为超级球队，还是将他们视为超级反派，都要接受他们会“一直赢、一直赢”的现实，这支勇士队会统治整个联盟，最终建立王朝。

如果站在30年后回望2016/2017赛季的勇士，你所受到的感官冲击会更加直白。现代NBA时代是如何把四位注定将进入名人堂的球员集合在一起的？而且这里面还有两位历史前15级别的家伙！这根本就是作弊吧？

即便处在2016/2017赛季开打前，你也清楚这支球队到底多么夸张。库里已经有一冠和两连MVP在手，杜兰特是历史最具天赋的得分手之一，汤普森是顶级射手，德拉蒙德·格林很快会拿下最佳防守球员奖杯，以及，他们四个会在转过年来的新奥尔良全明星赛中携手登场。

不过金州人横扫联盟的一幕并没有在常规赛揭幕战中就上演，他们主场惨败给马刺29分，被砍下35分的莱昂纳德、26分14个篮板的阿尔德里奇以及替补出场得到20分的奇兵乔纳森·西蒙斯修理了一番。但就像杜兰特说的，这仿佛是全队的“起床铃”，提醒他们纸面上的豪华并不等于实际战力。

↑ 2017年6月12日，勇士4:1击败骑士夺冠，杜兰特拥抱库里。

← 2016/2017赛季，杜兰特勇士首秀惨败马刺。

在那之后，勇士开始不断赢球。进入2016年12月之前，他们一度在17场比赛里只输了1场（客场20分惨败湖人，科尔口中“一年一度的斯台普斯输球战”）。直到转过年来的2月底，享受完全明星周末的勇士才遭遇赛季第一次连败，他们先输奇才，然后在杜兰特缺阵的情况下客场不敌公牛。一周后，勇士再度连败，这是他们赛季最后一次连败，也是唯一一次三连败，这回不仅杜兰特三场都没打，三连败的最后一战，面对马刺，勇士更是把库里、汤普森和格林都轮休了。

最终勇士以67胜15负的联盟最佳战绩结束常规赛征程，然后打出了NBA历史最具统治力的季后赛表现——16胜1负登顶捧杯，只在总决赛G4输给骑士一场，而那更像是为了回主场夺冠所做的“绅士举动”。

“实话实说，我原本认为2015/2016赛季那支勇士是最强的，虽然我们输掉了总决赛，但我依然觉得我们最强。直到后一年，2016/2017赛季的勇士出现，那是历史最伟大的球队。我知道人们会搬出72胜的公牛队来，但我不在乎他们怎么说，我不觉得任何球队可以击败2017年的勇士。”格林在2022年4月的播客节目里为2016/2017赛季的勇士“盖戳”，而库里当时就在他的旁边，也表示了赞同。

如果我们将问题改为“2016/2017赛季的勇士是不是历史前二级别的球队？”回答起来会容易得多，很少有人会给出否定的答案。

抛开关公战秦琼的球星成色对比或比赛风格假想战，我们就以实打实的赛场统治力来评定，这支勇士很难跌出历史前二。

回望NBA历史，常规赛胜场达到过67胜的队伍一共有13支，夺冠的有9支。而且勇士是在一位场均25.2分8.3个篮板4.8次助攻1.6个盖帽1.1次抢断的家伙少打了20场比赛的情况下做到的——诚然，勇士的15场失利有10场是在KD登场的时候吞下，但如果他们能更加健康，或者像前一年那样为了常规赛战绩拼命，你有理由相信他们能打出更漂亮的战绩。

别误会，这支勇士的常规赛统治力丝毫不逊色。他们场均净胜对手11.63分，仅次于1995/1996赛季的公牛（12.24分）、1971/1972赛季的湖人（12.28分）和1970/1971赛季的雄鹿（12.26分），这比单纯的战绩更能体现一支队伍的强大。前面的三队都至少拿到常规赛66胜，而且都完成了捧杯，他们似乎可以在总统山上一较高低。但当我们把目光移向季后赛时，勇士真正恐怖的地方跃然纸上。

➔ 库里和杜兰特在夺冠后捧起冠军奖杯和MVP奖杯合影。
↓ 杜兰特、库里、汤普森、格林入选2017年全明星阵容。

2017NBA
CHAMP
2017NBA
CHAMP

↑ 2022年全明星赛中举办的NBA75大巨星庆典上，库里和乔丹攀谈。

在季后赛16胜夺冠时代，勇士有着历史最佳的季后赛战绩，他们是第一支以15连胜开启季后赛的球队，只输1场则追平了NBA历史季后赛输球最少纪录，而且他们的场均净胜分是惊人的13.5分。回望历史，只有1970/1971赛季的雄鹿有着更夸张的季后赛净胜分（14.5分），但要知道那还是一个全联盟只有17支球队的时代，捧得金杯只需要赢下3轮、12场季后赛。季后赛场均净胜分排名第三的是人们更熟悉的那支2000/2001赛季的湖人（12.8分），"OK组合"打出了15胜1负的季后赛战绩。至于1995/1996赛季的公牛？他们季后赛场均净胜10.6分，数据掉下去主要是因为总决赛中共计输给超音速32分的两场失利。

ESPN的数据专家凯文·佩尔顿早就尝试从数据层面为2017年的勇士和1996年的公牛分出高低，基于常规赛、季后赛和净胜分表现，勇士拿到了更高的综合得分。但如果结合季后赛对手的伤病情况（勇士遇到了莱昂纳德受伤的马刺、希尔受伤的爵士和努尔基奇受伤的开拓者），2017年的勇士的晋级难度比1996年的公牛略低，最后的综合分稍逊于对手。

回到我们讨论的话题，这里的重点并非2017年的勇士实力是否强于1996年的公牛，当我们论述了两支球队有多么接近时，足以证明勇士至少可以是"一队之下"的状态。杜兰特在总决赛场均轰出35+8+5捧得FMVP，旁边27+8+9的库里显得那么奢侈，而伊戈达拉、利文斯顿、马特·巴恩斯、大卫·韦斯特这批老将的价值很容易被淡忘。当你在多年以后翻开这支勇士队的名单，查阅他们不可思议的数据和成就时，一定还会被他们的豪华和夺目所震撼。

卫冕惊魂

卫冕是职业体育世界最难的事情之一。女篮名帅谢丽尔·里夫曾带领明尼苏达山猫7年4夺WNBA冠军，但从未完成过卫冕。

“有时候在你赢下一两个冠军之后，队里的一些核心球员可能会渴望得到别的东西，他们会索要更多。这一变化会在很大程度上影响球队的平衡，这是实现卫冕最难的地方。”里夫表示。

但是在2017年夏天的金州勇士身上，你仿佛看不到卫冕有多大难度。

他们摧枯拉朽地横扫联盟夺得总冠军，凯文·杜兰特慷慨地跳出球员选项，签了一份起薪比上赛季还低100多万美元的新合同，让勇士得以同时留住伊戈达拉和利文斯顿。面对着这样一支绝对实力得到了充分证明的球队，你会对所谓的变化不屑一顾。

↓2017年6月15日，勇士夺冠游行庆典。

"赢下了 2017 年那一冠之后，我们就知道没有任何球队可以击败我们了，所以大家根本没把常规赛当回事。"德拉蒙德·格林在几年之后回忆道。

但当我们回溯那一年时，会发现格林这番话可能只说对了一半。

那支勇士确实没太把常规赛当回事。在人们畅想着这支"无敌之师"能否挑战常规赛 74 胜的神迹时，他们最终"只"赢了 58 场，位列西部第二、联盟第三。库里被伤病麻烦缠身，赛季中四次遭遇脚踝伤势，后来还在赛季末扭伤了左膝内侧副韧带，共计缺席 31 场常规赛。杜兰特、格林也都因伤病和轮休少打了超过 10 场球。但勇士的常规赛划水迹象还是很明显，他们开季前 7 场就 3 次败下阵来，其中包括输给最终无缘季后赛的活塞和灰熊，这暗示着金州人需要更多刺激才能保持专注度。

不过在踏上季后赛舞台时，勇士如同一头及时睁开双目的野兽。库里受膝伤困扰缺席了第一轮系列赛，杜兰特干脆利落地带队 4:1 轻取没有莱昂纳德的马刺，场均净胜 8.8 分。第二轮 G2，库里替补复出射下 28 分，勇士大比分 2:0 领先鹈鹕，随即再次 4:1 淘汰对手。至此，一切都还符合格林的记忆。

但到了西决舞台，见证过那 7 场大战之后，恐怕没人还能轻描淡写地说勇士是无敌的。那支由詹姆斯·哈登和克里斯·保罗率领的休斯敦火箭，给近乎完美的"勇士巨舰"制造了最大的麻烦。

↑ 2017/2018 赛季西部半决赛 G2，库里复出替补砍下 28 分。

→ 2018 年 5 月 14 日，勇士西部决赛首战攻克火箭主场，汤普森、杜兰特合砍 65 分，哈登空砍 41 分。

2017/2018 赛季的火箭打出了 65 胜的联盟第一战绩，进攻排名全联盟第 1、防守排名全联盟第 6、百回合净胜分排名全联盟第 1。哈登收获常规赛 MVP，保罗成为第二发动机，更重要的是，他们几乎是一支专门针对勇士打造的队伍。那支火箭有着极限换防能力，塔克、阿里扎组成凶悍锋线，戈登有着后卫球员里顶级的身体对抗能力，卡佩拉的脚步足够灵快。他们常规赛 1406 次面对挡拆选择换防，平均百回合换防能逼出联盟最多的 3.5 次失误——换防第二多的正是整赛季 1075 次的勇士。

因此在系列赛开打前，人们已经能推演出双方会打出什么场面：彼此大量换防，各种配合都会被无脑的交接所拆解，最终进入单挑模式。库里在系列赛前就意识到自己会遇到多大的防守压力，他说道：“如果我是对手，看看我们的‘汉普顿五小’阵容，我也会选择我这个点来针对。没关系，我希望他们这么干。”

系列赛首战，哈登高效轰出 41 分，但火箭的防守显然尚未对上勇士的步点。库里作为诱饵传出 8 次助攻，格林斩获 9 次助攻 9 个篮板，杜兰特和汤普森联手爆砍 65 分，勇士攻克丰田中心。第二战“水花兄弟”被限制得更加严密，勇士从头到尾受制，惨败 22 分，而这反而为金州人回到主场点燃怒火埋下伏笔。G3 的甲骨文中心，勇士祭出窒息式防守，限制火箭全队只拿 85 分，勇士不断通过反击下起暴风骤雨，最终拿到一场创队史季后赛纪录的 41 分大胜，库里独得 35 分。

“我们正处在一波了不起的冲刺当中。”勇士主帅史蒂夫·科尔感慨。

但2:1领先并不等于高枕无忧，危险在向勇士逼近。G3一役，伊戈达拉被撞到膝盖伤退，赛后检查显示，他遭遇膝盖挫伤，就此无缘本轮系列赛剩余比赛。而回顾前三场，勇士的助攻数是24、21、20，越来越多的单打独斗，正朝着火箭想要的局面发展。

G4、G5两战，比赛完全被火箭掌控。虽然他们两场比赛合计只赢7分，但防到勇士场均只拿93分，两战共计助攻32次。卢尼顶替“一哥”进入先发，可他的分享球能力远不如前辈，勇士渐渐落入单打陷阱。杜兰特和库里依然可以每晚输出50+，但金州人被拖入了泥淖，他们的替补火力不及火箭，就这样输掉天王山落入绝境。

但这一回，轮到火箭遭遇噩耗，保罗拉伤腿筋倒下了。原本火箭就已经进入7人轮换的死战模式，此时缺少这样一位核心持球手的打击是巨大的。“如果能再多一名进攻发起者、如果保罗还在的话，周五站在总决赛舞台的会是我们。”西部决赛结束四天之后的戈登会留下这样愤懑不平的发言。

勇士的危机并没有因保罗倒下解除，G6首节他们一度落后17分，半场落后10分；G7则同样上半场落后11分。球队老板拉科布事后回忆：“当你坐在那里，看着球队G6、G7上半场都大比分落后的时候，要是还能不紧张的话，那你恐怕不是人类。大家真的非常紧张，特别是我们从未在客场打过G7。”

↓ 2018年5月24日西部决赛天王山，保罗拉伤腿筋。

→ 2018年5月28日，勇士客胜火箭挺进总决赛。

但金州人顶住压力笑到了最后。或许他们该庆幸及时找回了自我，最后两战分别送出了 25 和 26 次助攻，并且上演了熟悉的“勇三疯”——两个第三节合计赢下 35 分，库里独得 23 分。又或许他们该感谢上天眷顾，因为火箭 G7 一度连丢 27 记三分，这一幕发生的概率是 1/72000。总归，勇士惊险过关了。

“我们很幸运能从这里全身而退。”科尔感慨着。库里谈到连续第四年杀进总决赛时也说道：“真的很特别，因为这太艰难了。”

迈过这一关之后，勇士轻松写意地横扫了已经没有欧文的骑士，四年内第三次捧起总冠军奖杯。即便他们也可以在事后说着，“如果伊戈达拉没伤，我们 5 场就解决火箭了”，但在现实时空内，和火箭的 7 场死战足够惊险，也令他们的卫冕之路显得更具色彩。

格林公式

“格林公式”原本是一个数学公式，但在中文语境的NBA球迷群体中，这个词成了勇士王朝相当重要的转折点。

在很多人看来，“格林公式”是杜兰特最终离队的导火索，这也宣告了一个篇章的结束。但早在那一幕发生前，异样的暗流已经开始在金色国度下涌动。

时间倒回2018年6月8日，勇士横扫骑士夺冠当天，两位金州老将的发言颇为耐人寻味。大卫·韦斯特抛出了一个让人们猜测很久的谜语：“这支球队有很多幕后故事，如果曝光的话，人们会感到震惊。你们不知道的，不会知道的。”利文斯顿也意有所指地说道：“向这一年应对了无数麻烦的史蒂夫·科尔致敬。”

后来在勇士盛大的夺冠游行上，总经理迈尔斯的一番话一度让尴尬再度升级。调侃起KD是否能像库里一样任意索要大合同时，迈尔斯说：“不，那可不同。斯蒂芬早在这两冠之前就已经证明自己了，他赢得了那份合同，KD可不行。”

迈尔斯当然是在开玩笑，他在事后也解释了自己并无恶意。韦斯特的谜语也可能并非指向勇士出现更衣室矛盾，因为记者萨姆·阿米克后来曾爆料勇士在那一年遭遇脑膜炎传染病恐慌。但一切细小的裂纹都在让勇士看似无坚不摧的躯体出现隐患。

← 2018年6月12日，勇士夺冠游行上KD遭遇“尴尬”一幕。

↑ 2018年6月3日总决赛G2，格林在场边朝杜兰特喊话。

如果你还有印象的话，德拉蒙德·格林和杜兰特早在2017/2018赛季就发生过几次场边争吵。另外，KD继续1年1签的留队方式也给了外界更多猜忌他和勇士之间关系的空间。两连冠的喜悦很快被平淡的休赛期，以及又一次漫长的常规赛征途所冲淡，随之而来的是怨气的不断累积，直至爆发……

北京时间2018年11月13日，勇士队的故事被永远地改写了。

那场比赛库里缺阵，凭借着第四节最后时刻一波11:0的攻击波，勇士在比赛还剩1分半的时候将比分追成106平。双方僵持到了最后一个回合的攻防，伊戈达拉防住了路·威廉姆斯的出手，格林收下后场篮板球，时间还剩6秒左右。

那一瞬间，杜兰特就站在格林身旁，但后者头也不回地运球朝前场冲去。KD在后面拍着巴掌大喊着，希望格林把球交给自己，但格林并未理睬。他冲向前场的人堆内，直接交出了一次笨拙的失误，勇士甚至没能完成出手。

杜兰特的沮丧写在脸上，他一边走向替补席一边念念有词，而这很快转变成了和格林的对喷。克雷·汤普森坐在二人中间，伊戈达拉、助教威利·格林在拍手劝和，考辛斯后来把格林拉到一边，杜兰特则由利文斯顿负责，但这并未浇灭二人的怒火。最终勇士加时116:121输给快船，而他们输掉的绝非一场比赛而已。

风波如预想中一样席卷了勇士全队。那场赛后杜兰特和格林都未接受采访，勇士很快做出了禁赛格林一场的处罚，各路媒体开始渲染金州内部出现了不可修复的裂痕。

↑ 2018年11月13日，格林被禁赛，杜兰特带队击败老鹰。

事发后，我们只能通过记者们的描述了解当时格林和杜兰特说了什么，其中值得注意的有以下两条：

1. 杜兰特朝格林说“把该死的球给我”，而格林用了很多“F”和“B”开头的脏话进行回击；

2. 格林把矛头指向了杜兰特签短约的事情，雅虎记者克里斯·海恩斯报道称，“知情人士透露，格林当时对杜兰特说‘我们不需要你，没有你我们也赢过，你走吧。’”

如果说第一条还是NBA球员常见的激情互喷，那第二条的杀伤力就超出了普通拌嘴的范畴，这也正是“格林公式”的由来。当杜兰特选择披上勇士战袍的时候，外界就对他加入顶级球队的做法嗤之以鼻，如今队友当面讲出了这番话，KD的沮丧不难想象。

第二天KD独自带队击败了老鹰，赛后他表示自己仍未和格林有过任何沟通。又过了两天，格林第一次面对媒体谈及此事，他说自己“和KD聊过了，我们翻篇了”，但自始至终没有为自己的做法道歉。从那一刻起你就知道，这支勇士队再也回不到过去了。媒体将那次冲突形容成勇士王朝崩塌

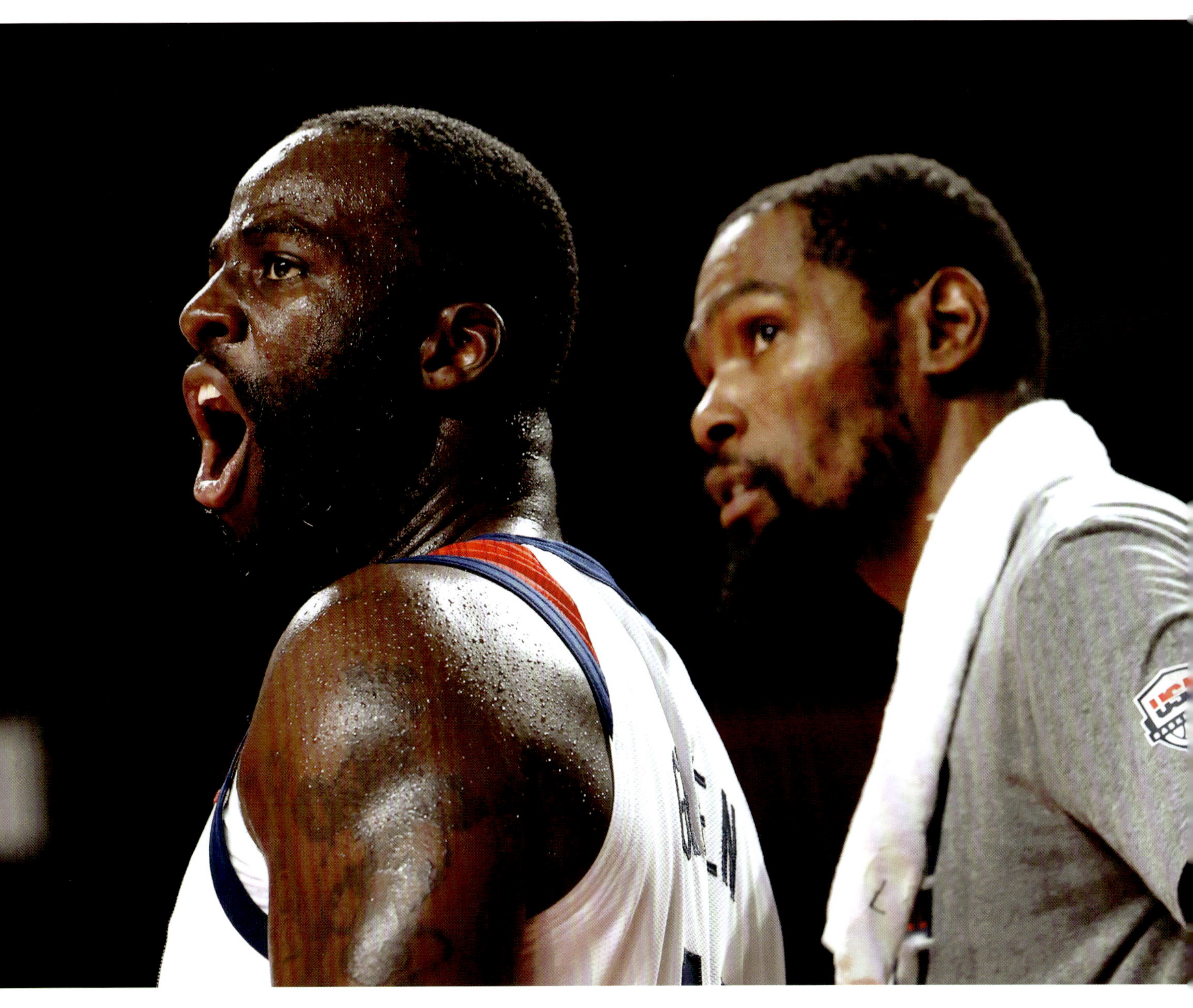

↑2021年8月，格林和杜兰特一起代表美国男篮出战东京奥运会。

的开始，结果证明这种说法并没有太大问题。

有意思的是，在那个时间点，人们恐怕很难想象仅仅是三年之后，格林和 KD 就能有说有笑地回忆起那次冲突。更令人无法想象的是，他们认为问题的根源是勇士队应对该事件的方法。

2021 年，杜兰特和格林作为队友帮助美国男篮赢下东京奥运金牌，二人随后在对谈节目里给出了当事人视角的“格林公式”解读。格林承认自己当时说了一些过火的话，而 KD 也表示自己那一刻确实非常气愤。

时隔3年，二人在重谈“格林公式”时，有一个共同的观点很值得玩味：他们都对于冲突发生后球队教练组和管理层采取的措施和态度相当不满。所以是勇士管理层亲手结束了一段故事？这样的解释有着强烈的黑色幽默感。不过背后缘由已经不再重要，格林和杜兰特把问题呈现在了台面上，勇士最终也没有找到解决办法。多年之后再回想起这支近乎完美的球队，人们会得到那个永恒不变的真理：无敌的巨人要么败给时光，要么败给自己。

绝望悲歌

杜兰特和格林看上去和好了，人们不相信勇士真的回到了蜜月期，但他们相信即便如此,他们距离三连冠依然很近。

回望NBA历史，只有凯尔特人、公牛和湖人三支球队完成过三连冠，机会摆在勇士面前，其他的纷扰通通先靠边站。对于吞噬流量的媒体来说，热炒三连冠的话题也比翻KD和格林的旧账更能引发讨论。所以随着赛季深入，勇士似乎又是一支上下一心的队伍了，他们要努力实现眼前的伟业。

金州人开始赢球，虽然他们还是显露出了一些常规赛疲态，不过依然以57胜拿到西部第一，联盟第三。球队的健康程度也比前一年更好，杜兰特和汤普森分别只缺席了4场比赛，库里也打了69场。但和上赛季不同，这一次他们的紧张神经绷起得更晚。

首轮面对平民球队快船，勇士两次犯错。第一次是G2主场和对手大打对攻，结果漫不经心失误22次，被快船34次助攻轰出135分，败下阵来。第二次则是G5没能在家门口终结系列赛，KD空砍45分，目睹快船替补双核路威和哈雷尔合砍57分。于是这轮比赛拖了6场才结束——埋下的隐患是，勇士在第二轮面对火箭之前便浪费了太多能量，杜兰特和“汤神”场均打超过36分钟，KD最后两场合计出战83分18秒。

← 2019年4月26日，勇士季后赛首轮G6战胜快船过关。

↑ 2019年5月8日西决G5，勇士击败火箭，杜兰特伤退。

第二轮，火勇再相逢，激烈程度不减。知根知底的两队毫无试探过程，上来各取两个主场，四战相加勇士只赢1分。克里斯·保罗在前一年拉伤腿筋之后仿佛变了个人，但詹姆斯·哈登将球队扛在肩上，前四战他场均贡献35.8分7.5个篮板5次助攻，回应他的则是场均36分5个篮板4.5次助攻的杜兰特。

直到G5上半场打完，杜兰特的20分帮助勇士领先火箭14分，一切都在朝重演去年剧本的方向发展，但金州人已经悄悄走到了转角。第三节还剩2分10秒，杜兰特低位接球单挑香珀特，拔进了那记标志性中投后，KD右腿蹬地准备回防，但他在没有任何身体对抗的情况下突然回头，然后扶着自己的右小腿后侧蹦跳了起来。

“每当你看到这种场景时，都会感到恐怖。”库里赛后说，“你能看到他脸上的表情，他在第一时间并不知道发生了什么，接着就是走回更衣室试图弄清楚问题所在。”

第二天的核磁共振结果显示，杜兰特遭遇了右小腿拉伤，无缘后续系列赛，复出时间待定。人们望着他连续6场出战超过40分钟，系列赛前4战场均打45分钟的巨大负荷，摇头叹息。

勇士并未因此倒下，事实上斯蒂芬·库里证明了他为什么是金州的灵魂。G5一役，KD下场瞬间勇士已经被追到只领先3分，但库里在最后的14分钟内独得14分2次助攻，带领球队拿下天王山。G6客场，面对嗅到血腥味的火箭，库里再开“日天模式”，33分全部取自下半场，其中包括最后2分钟单挑塔克连拿5分稳住胜局。那一瞬间，人们终于回想起来，在KD加盟之前，“水花”带队的勇士便已经足够强大。

“如果这样一场比赛还不能定义库里，我不知道怎样才能。”科尔在勇士4:2淘汰火箭的赛后说道。

西决反而成了这一年季后赛中勇士打得最轻松的系列赛，面对21世纪首次打进分区决赛的开拓者，“水花兄弟”场均合砍58分，好好给波特兰“双枪”上了一课。但在前方等待他们的，是靠着莱昂纳德神奇绝杀淘汰76人、东决“让二追四”击败雄鹿的多伦多猛龙，这是一支让勇士没有主场优势的队伍。

没有KD的麻烦开始体现。莱昂纳德和西亚卡姆组成的锋线令勇士难以招架，与此同时，纳斯教练祭出“一盯四联”的极端策略针对库里，让他前四战场均32.8分的同时，命中率只有42%。勇士在系列赛中大比分1:3落后了，他们比谁都清楚这种局面想要翻盘是多么困难，越来越多的人在呼唤杜兰特的名字。

“我希望他能打G5或G6，至于其他的，我不会再说什么了，整件事都有些失控了。”科尔在G4赛后说着。从他的话里你也能感受到，这已经成为一场盛大的“杜兰特何时复出”闹剧，太多的声音从内外席卷勇士，直到那一刻到来……

G5一战，杜兰特复出了。他首发登场打满第一节，5投3中独得11分，帮助勇士领先6分，金州人重新燃起了改写一切的希望，但这份希望将在2分10秒之后破灭。第二节开始，KD还在继续打，当他又一次在45°三分线外要球面对伊巴卡时，令人绝望的一幕发生了。

右手持球向左变向，右腿蹬地准备突向左路，这么简单的两个动作过后，KD直接扔掉皮球坐在了地上。他用手扶着自己的右跟腱部位，比任何人都更早知道，一切都结束了。他被搀扶着走回球员通道，洛瑞和伊巴卡示意多伦多球迷别再欢呼，勇士总经理鲍勃·迈尔斯赛后含着泪告诉所有人，KD伤到了跟腱。

↓ 2019年6月10日总决赛G5，杜兰特跟腱断裂。

→ 2019年6月13日总决赛G6，汤普森左膝十字韧带撕裂。

勇士还是赢了那一场，一如他们赢了第二轮G5，库里上半场的23分和汤普森下半场的4记三分撑住了那口气。但杜兰特的重伤已经为球队蒙上厚厚的阴霾。直到3天之后的G6，当汤普森在一次反击快攻中被丹尼·格林干扰失去平衡，然后撕裂了左膝十字韧带时，阴霾彻底成为无尽的黑夜。

“汤神”倒下的方式是悲壮的，他在走回球员通道后再度返场，沐浴着甲骨文中心震天动地的MVP欢呼完成两次罚球，将自己的G6得分推向30分，甚至还跑回后场想要防守——有人跟他说，如果你让别人代替自己罚球，那将无法再返回这场比赛，而汤普森对科尔说的是：“教练，给我两分钟，我马上回来。”

但彼时没人能想到，那两分钟会多么漫长。

随着汤普森倒下，勇士再也无力和猛龙抗衡。库里努力整理自己近乎崩溃的情绪，然后迷失在了多伦多人更加肆无忌惮的围剿里，他的末节得分定格在4分，6投1中。

在很多人看来，KD和汤神的接连重伤就像是勇士遭受了神罚，他们在为自己的幸运还债。但斯蒂芬·库里在猛龙庆祝冠军时说道：“过去五年的征程很棒，但我不认为一切只能到此为止。”

幕后英雄 **罗恩·亚当斯**

科尔王牌搭档 老骥伏枥

他是联盟最资深的助教，也是NBA历史上最优秀的助教之一。2022年7月13日，美国篮球教练协会为罗恩·亚当斯颁发了助理教练终身影响力奖，这是对他30年NBA助教生涯最好的表彰。他是勇士防守体系的构建者，他帮助杜兰特、维金斯提升防守能力，助他们的职业生涯变得更加闪耀。

亚当斯的经历和三角进攻大师泰克斯·温特很相似。只不过，温特成就了“禅师”菲尔·杰克逊，而亚当斯成就了史蒂夫·科尔。

亚当斯执教经验太丰富了，早在1969年他年仅21岁时，就在弗雷斯诺太平洋大学当助教，3年之后他成了主帅。这么早就当上大学主帅，似乎并没有好处，等到1992年亚当斯进军NBA，成为马刺助教后，他再也没有当过主帅。

亚当斯是专门抓防守的教练，在马刺、公牛、雷霆、凯尔特人当过助教。2014年，史蒂夫·科尔在勇士走马上任，他将亚当斯从凯尔特人挖了过来。

勇士原本是一支重攻轻守的球队，然而亚当斯的到来帮助2014/2015赛季勇士的防守效率来到101.4，排名联盟第一。这些年来，勇士助教位置成为众多教练镀金当主帅的宝座，阿尔文·金特里、卢克·沃顿都曾从这里离开去当主帅。2022年夏天，迈克·布朗也借助这个平台复出当上了主帅。阿特金森曾经也差点去爵士出任主帅，但在爵士提供了合同的情况下，他选择留守勇士。

亚当斯一直安安稳稳地待在科尔身边当助教。有亚当斯在，勇士防守体系就不会崩，他还帮助杜兰特与维金斯完成了进化。杜兰特加盟勇士前进攻凶猛，但防守不够优秀。亚当斯亲自调教杜兰特防守，推动后者变成攻守一体的巨星。维金斯来到勇士后，被亚当斯改造成了防守高手，2022年勇士夺冠，维金斯是总决赛勇士阵中表现第二好的球员。

“从打造球队的防守到给我作为主帅的建议，他都为我们提供了巨大的帮助。”勇士主帅科尔承认道。74岁的亚当斯很可能在明年退休。“明年可能将会是我的最后一年，但我也不会打包票，因为这样做就不是我的生活方式了。我的执教生涯什么时候结束并没有具体的时间和日期，”亚当斯表示。

30年辛苦幕后耕耘，成为顶级防守专家，帮助勇士打造8年4冠神迹，亚当斯是金州王朝名副其实的功臣。

← 亚当斯和库里坐在一起沟通。

↓ 亚当斯帮助杜兰特提升了防守。

格林杜兰特一笑泯恩仇

2015/2016赛季勇士总决赛失利后，当年夏天就获得了最强力的新援来投，凯文·杜兰特取代了哈里森·巴恩斯，让勇士的整体实力获得了极大的提升。随后球队在2016/2017和2017/2018连续2个赛季的总决赛中，都打得老对手骑士几乎毫无还手之力。可在勇士王朝的繁华下，却已经出现了不小的裂痕。在裂痕两端，老臣德拉蒙德·格林与新将杜兰特形成了对峙。2018年，两人直接就在球场上，当着所有的球迷和摄影机的镜头直接对骂，格林那一句“你来之前我们就已经夺冠了”更是直戳人心。最终，杜兰特和格林以及勇士闹了个不欢而散，他也在2019年夏天成为自由球员后，头也不回地离开了金州，加盟篮网。不过，时间最终解决了一切问题。2021年，当更加冷静和成熟的格林与杜兰特再次谈及当年的往事时，两人也能够一笑了之了。在一次面对面的谈话节目中，格林首次询问杜兰特，当年的那次争吵到底对杜兰特最终决定离开，起到了多大的作用。杜兰特也直言不讳地回答说：“重要的不是那次争论，而是争论后大家的处理方式。科尔教练，总经理迈尔斯都表现出无事发生的态度，想要让其不了了之。但我觉得，当时球队的氛围很怪，我宁愿有人站出来做一些交流，毕竟沟通才是一个团队的关键所在。”格林随后也表达了赞同，他说：“那场比赛后，我老婆在车里等了我1小时45分钟，因为管理层的人一直在跟我说，让我去道歉。我告诉他们，不用告诉我应该做什么。他们发现说不动我，所以第二天又来找我，问我是否准备好道歉。我就直接告诉他们，是他们搞砸了一切。因为能够解决问题的只有咱们两个，他们什么都做不了，只会把事情搞砸。情况最终也的确如此。”起码在这个问题上，格林与杜兰特达成了一致，而能够坐下来好好交流一番，本身就说明两人已经握手言和了。

王朝趣闻
GREEN
23
GOLDEN STATE
35
WARRIORS

数说王朝

16胜1负

在2016/2017赛季的NBA季后赛当中，勇士队以16胜1负的战绩拿到了最终的冠军。前三轮，他们分别横扫开拓者、爵士和马刺。总决赛与骑士交锋，勇士也仅仅输掉了系列赛的第四战。在勇士之前，NBA季后赛最佳战绩纪录归属于湖人，他们在2000/2001赛季以15胜1负的战绩夺冠。当时，季后赛首轮还是五局三胜制。

+230

在2016/2017赛季的NBA季后赛当中，勇士合计净胜对手230分，这一数据在NBA历史上高居第一位。2017/2018赛季，勇士季后赛合计净胜对手210分，这一数据则是排在NBA历史第三位。

16

在2016/2017、2017/2018这两个赛季的季后赛当中，勇士一度取得了主场16连胜这样的佳绩。2016/2017赛季季后赛，他们在主场全胜。2017/2018赛季季后赛，勇士队又取得了7场连胜，直到西部决赛与火箭的第四战才结束连胜。在勇士之前，季后赛最长主场连胜纪录是由公牛保持的15场。

35.2

在2016/2017赛季总决赛当中，杜兰特以场均35.2分的得分捧起了FMVP奖杯，并且创造了一系列纪录。首先，他成为历史上第四位能在单届总决赛的所有比赛之中都至少砍下30分，且赢得FMVP的球员。其次，杜兰特在5场比赛之中的总得分达到了176分，这一数据也足以排在历史第二名。与此同时，他还成为历史上第三位能获得至少4个得分王且拿到总冠军的球员。

28.8

在2017/2018赛季总决赛中，杜兰特场均砍下28.8分，再度捧起FMVP奖杯，他继续创造了属于自己的一系列纪录。2018年总决赛结束之后，杜兰特成为NBA历史上第二位至少4次拿到得分王，2次捧起FMVP奖杯的球员。除了KD之外，只有乔丹曾经拿到过这样的数据。

180

直到现在，杜兰特都还是NBA历史上唯一一位总决赛“180俱乐部”的成员（至少出战10场总决赛）。

14

2018年10月30日，勇士轻松击败公牛。在这场比赛中克雷·汤普森单场命中了14记三分球，创造了NBA历史单场命中三分球数的纪录。在这场比赛当中，克雷狂砍52分，且仅触球52次、运球56次。

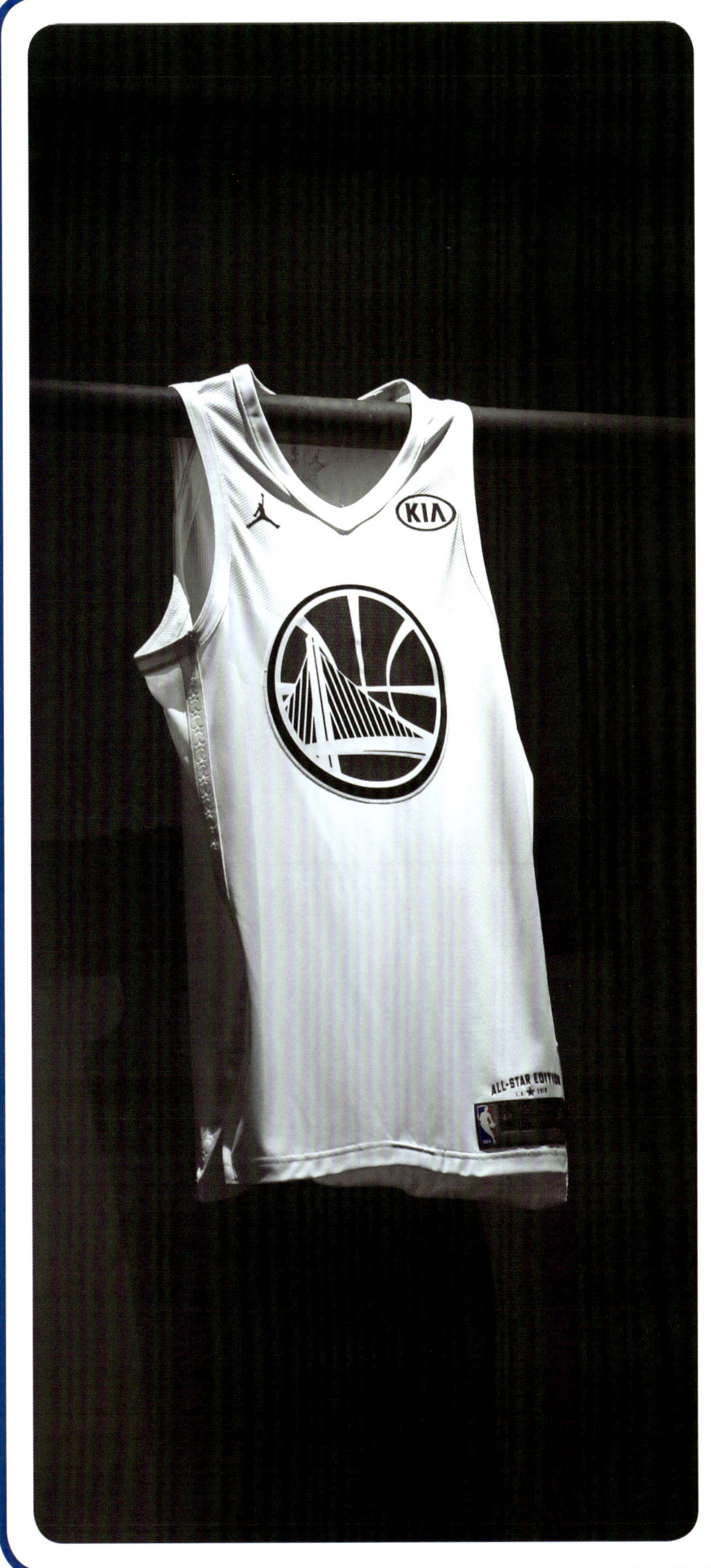

4

2018年全明星赛，勇士“四巨头”如2017年一样同时入选。这也是自NBA举办全明星赛以来，首度有同一支球队的四名球员连续入选全明星。

265胜63负

从2014/2015赛季到2017/2018赛季，勇士在四个赛季之内三度拿到总冠军，开创了名垂青史的勇士王朝。在这四个赛季当中，勇士队在常规赛合计265胜63负，胜率高达80.8%。在NBA历史上，没有哪支球队在任意连续四个赛季当中胜率比勇士更高。

63胜20负

同样的，勇士在这四个赛季的季后赛当中取得了63胜20负的战绩，胜率高达75.9%。在NBA历史上，同样也还没有哪支球队在任意连续四个赛季的季后赛当中，季后赛胜率比勇士更高。

两年蛰伏

所有命运的馈赠，早已暗中标好了价格。2019 年夏天，杜兰特的离开以及汤普森的伤病让勇士王朝轰然倒塌。不过在病树前头，勇士却又一次迎来了万物之春。

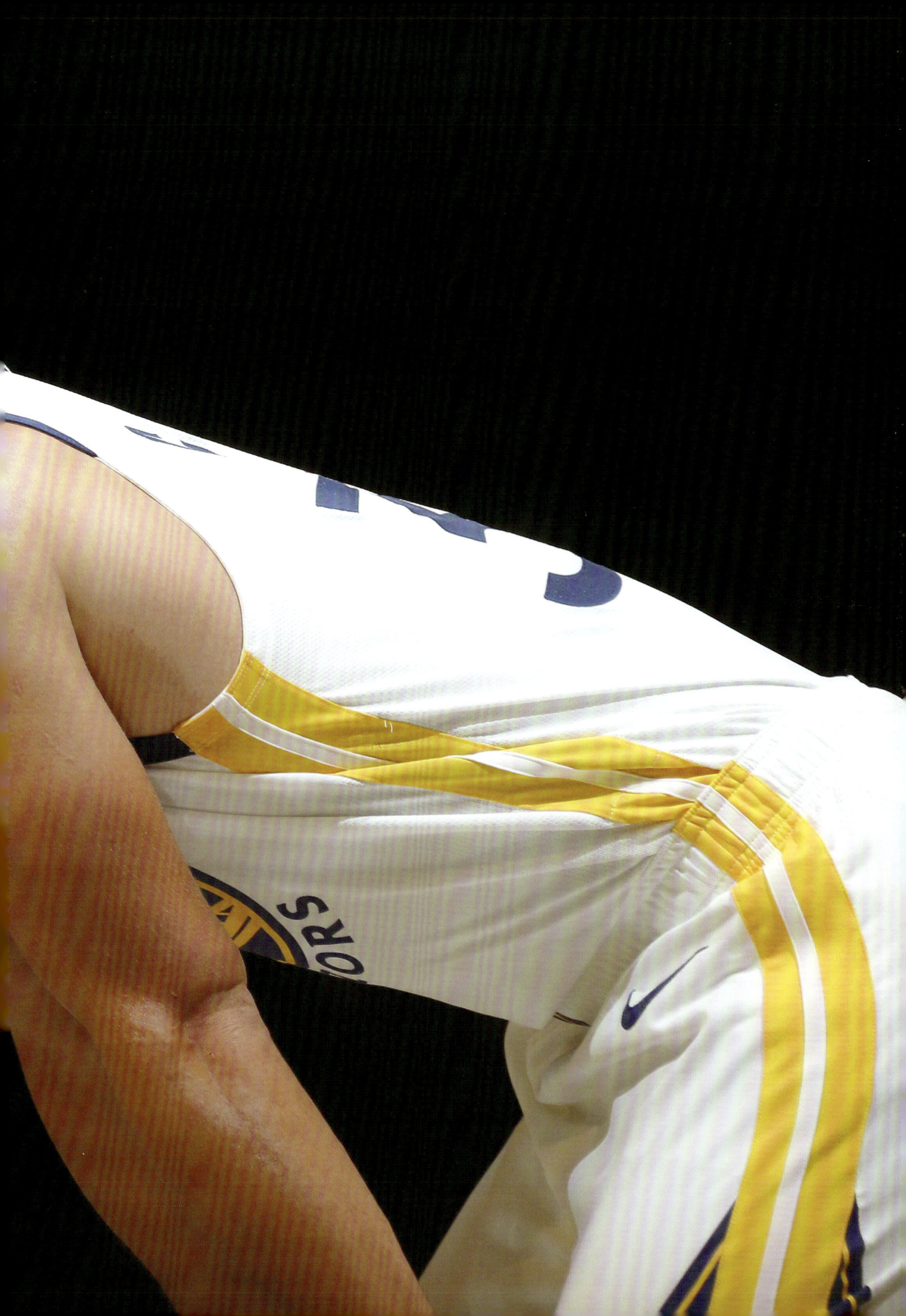

妙手回春

始终无法在勇士找到归属感的杜兰特，或许在 2018/2019 赛季总决赛受伤之前，就已经暗暗下定了离开这里的决心。当他将决定传达到位的时候，时钟嘀嗒，压力完全给到了勇士队总经理迈尔斯这边。对于勇士而言，杜兰特的离开以及汤普森的受伤，让连续五年进入总决赛的王朝中断已成必然。当务之急，是如何利用杜兰特的离队做点文章，为未来新篇的谱写，攒下一些筹码。

杜兰特、欧文和小乔丹兄弟三人，很早便选定布鲁克林篮网作为自己的未来新东家。可是想要同时为杜兰特与欧文开出顶薪，并且按照杜欧二人的要求给小乔丹提供一份千万美元的年薪，篮网方面并不具备这样充足的薪金条件。

如果放任杜兰特以自由球员身份离开，这对于保障薪金已经超过工资帽的勇士来说无疑是个巨大的打击，球队将无法再在自由球员或交易市场上获得同薪金级别球员的补强。看到了篮网的难处，迈尔斯审时度势果断出手，搭上一个选秀权清理掉伊戈达拉的到期合同之后，把保障薪水降到了“土豪线”以下，为杜兰特的先签后换创造了条件。

于是乎，杜兰特如愿以偿地前往篮网与兄弟并肩作战，同时给勇士留下了拉塞尔这份4年价值1.17亿美元的合同。从短期的角度上分析，由于遭遇膝盖重伤的汤普森赛季报销，另一位后场持球核心的加盟，会帮助勇士从一定程度上填补火力输出的空缺，同时减少库里的进攻压力与负荷。如果23岁的拉塞尔可以维持上个赛季的全明星级别表现，甚至有所成长，勇士或许还能依靠王朝时期打下的底子，摸到季后赛的门槛。

不过，在2019/2020赛季常规赛开始仅四场之后，勇士便再遭重创。库里在和太阳的比赛里遭遇左手手掌骨折，随即开启了长达4个月的漫长康复期。看到稳定成绩几乎无望，勇士随即迅速转变球队方向，在培养年轻球员、争取更高选秀顺位的同时，等待交易补强、鲤鱼翻身的机会。

金州的黑暗望不到边，此时的明尼苏达更是寒风凛冽。由于球队连年战绩不佳，森林狼急需为唐斯寻找一位靠谱的组织后卫，其好友拉塞尔自然是优先级最高的选择。狼队在招募拉塞尔的过程之中，还一度闹出过不小的尴尬。因为此前答应森林狼会与球队会面，当时已经与勇士达成口头协议的拉塞尔依然决定赴约，与好友唐斯以及篮网前助教普利齐奥尼共同搭乘直升机游览了洛杉矶。可就在直升机返程时，各大权威媒体恰好曝光了勇士队针对拉塞尔的交易，原本欢快的氛围瞬间凝固。“大家最后在停机坪上尴尬告别。”一位消息人士透露。

由于库里遭遇手掌骨折伤停，勇士赛季基本宣告结束，管理层必须要

← 2019年夏天，杜兰特离开勇士，选择与欧文在篮网联手。

↓ 拉塞尔与库里的新后场组合，未能维持太久。

↑ 加盟勇士初期，维金斯的未来不被看好。

→ 维金斯单打能力不及杜兰特，但提升了勇士的侧翼防守水平。

为“水花”未来的复出做好阵容上的准备，而擅于持球挡拆的拉塞尔显然不符合阵容的需要。迈尔斯嗅到了森林狼对拉塞尔的极度渴望，再度果断出手，狠狠地宰了狼队一刀。摆烂之中悠悠哉哉的勇士显然不慌不忙，而想要马上做出成绩的森林狼却已是如坐针毡，谈判的优势开始向金州大幅度倾斜。

斡旋之中，以迈尔斯为首的勇士管理层立场十分坚定，要求森林狼在送出维金斯的同时，拿出一个不受保护的首轮签。因为需要对薪金空间进行配平，当时被视为低性价比合同的维金斯已经被森林狼“完成打包，静待登机”。双方最后的博弈，全部集中在首轮签的拉扯之上。森林狼方面，有多位管理层人员极力谏言篮球部运营总裁罗萨斯，为球队给出的首轮签增加更多的顺位保护。可交易心切的罗萨斯认为前三保护已是足够，最终拍板完成了交易。最终，这个选秀权在 2021 年的选秀大会上变现成为 7 号签，帮助勇士将天赋满满的库明加带到了金州。而在交易中被视为弃子的维金斯，则在季后赛的舞台上，再绽光芒。

2018/2019 赛季的总决赛结束之后，残垣断壁的勇士摇摇欲坠。可在谈判桌上，迈尔斯却在废墟之中为另一座崭新的高楼稳稳敲下地基。先是把握了篮网薪金空间不足的困扰，成功帮助勇士在杜兰特离队的重伤中回血，为球队带来一定的即战力与未来交易资产。随后库里受伤勇士反向冲刺，他又利用了森林狼对拉塞尔的极致垂涎，慧眼如炬地相中了维金斯的 3D 潜力以及与“水花”的适配度，同时还给勇士“后库里时代”的重建，囤积了颇为优质的选秀权资产。两手妙笔，转运生花，为 3 年后勇士的再度崛起，奠定了基础。

Rakuten
GOLDEN STATE
35
WARRIORS

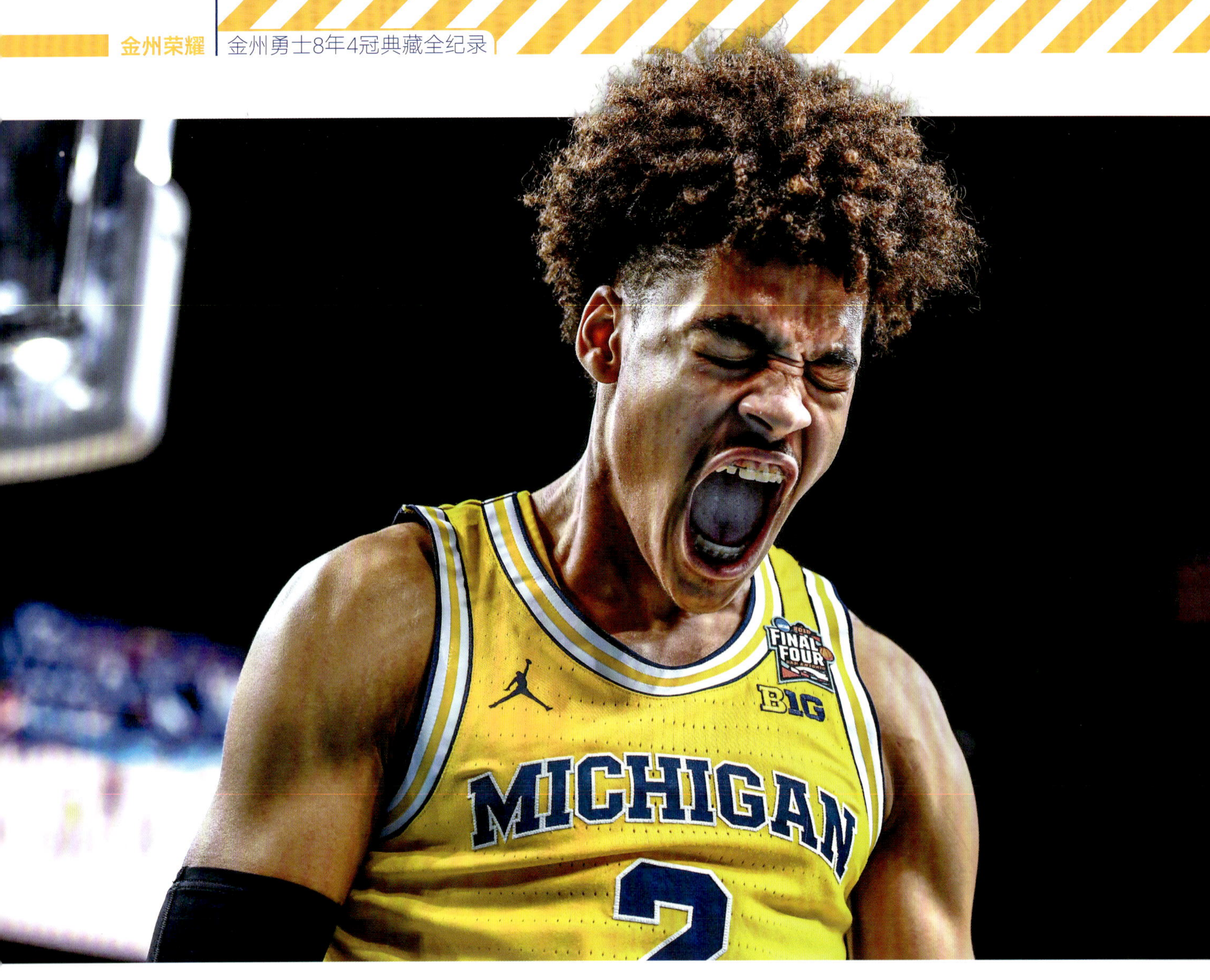

新生力量

普尔能够加盟勇士，说来也是有些意外，有些巧合。2019 年选秀大会之前的模拟选秀，普尔的最高模拟排名只有 57 位，是个处于落选边缘的球员。结束了为勇士的试训，管理层、教练组对于普尔的表现相当满意，在小邓利维的力荐之下，球队决定使用手中的第 41 号选秀权将他带来金州。根据预定计划，勇士本计划用手中的 28 号签选择迪伦·温德勒，结果骑士队提前两个顺位完成截胡。来到第 28 顺位，无人可选的勇士是思忖再三，最终决定提前 13 个顺位，摘走普尔。

大学期间，普尔的个人攻击效率很高，两个赛季的时间里，他在三分线外 311 投 115 中，命中率高达 37%。大二赛季，普尔有 28% 的出手都来自于定位跳投，每回合得分高达 1.18 分，排在整个 NCAA 联盟所有球员中的前 8%。由于杜兰特离队，汤普森赛季报销，勇士之所以选择普尔，就是希望他能够在未来成为替补阵容里令人放心的持球攻击点。大二赛季，普尔有 25% 的进攻都是通过持球挡拆完成的。他每回合能得到 0.898 分，超过 NCAA 中 80% 的运动员。2018 年的疯狂三月里，普尔曾用超远三分压哨绝杀休斯敦大学，自信的比赛气质和扎实的投篮手型，让勇士为之心动。

不过在进入 NBA 之后，普尔第一

时间便被贴上了“寒冰射手”的标签。在新秀赛季代表勇士出战的 57 场比赛里，普尔交出了 33% 的投篮命中率，三分球线外的效率更是低至 27.9%，惨不忍睹。库里与汤普森的受伤对于勇士来说是不幸的，但却为年轻球员的成长提供了沃土。通过次轮第 41 顺位加盟勇士的帕斯卡尔，总出场时间与出手数这两项数据甚至都能够达到同届新秀前 10 位。作为首轮末的新秀，普尔在新秀赛季总出手数为 502 次，总出场时间达到 1274 分钟，分别位列同届新秀的第 13 和第 15 位。和大部分在强队板凳末端“挂机”的低顺位新秀不同，普尔得到的锻炼机会甚至足以让部分乐透秀为之垂涎。2019/2020 赛季，勇士仅仅拿到了 15 胜 50 负的战绩，23.1% 的胜率为队史第四差。不过勇士在病树前头，迎来了万木之春。

2020 年夏天，普尔剪掉了张扬的爆炸头，社交媒体方面也“完全断电”。在这个受到了疫情影响的赛季里，普尔用了大量的时间去研习比赛资料，一有机会便泡在体育馆里挥汗如雨。2020 年 6 月，大通中心在经历疫情后首次对球员开放，普尔第一时间便约上了球员发展教练德马科，火速投入个人训练。一个休赛期之后，我们看到了一个全新的普尔，其投篮、运控、防守选位和进攻决策，都有了明显的进步。2020/2021 赛季初，普尔开始在发展联盟和 NBA 之间往返。最后一次被科尔正式召回之前，普尔在 G 联赛打了 11 场，场均以 45.1% 的投篮命

← 选秀之前，普尔的行情并不乐观。

↓ 新秀赛季，效率糟糕的普尔被球迷戏称为“寒冰射手”。

WARRIORS
WARRIORS

← 蛰伏之年，帕斯卡尔与曼尼恩也曾背负期望。

↑ 莫兰特将勇士挡在季后赛大门之外，两队就此积怨。

中率得到 22.4 分。在急缺第二持球点的情况下，科尔签下一纸调令，“完成练级”的普尔回归救火，效果令人惊叹。

回到联盟之后的 36 场比赛，普尔场均得到 14.7 分，总体命中率和三分球命中率分别上升到了 43% 和 35%。科尔将其召回，最需要他做到的事情，就是带领第二阵容得分，让库里喘口气。在这方面，普尔没有让我们失望，从 2020 年 3 月 4 日回归 NBA 到赛季结束，普尔在此期间的场均得分，位列联盟板凳球员里的第 8 位。同时期内，在联盟板凳得分排名前十的球员里，只有普尔和希罗，未满 22 岁，而其他 8 位球员的年龄均在 27 岁以上。

“看到普尔在进入联盟的两年中取得了这样的进步真的很有趣。”科尔在谈到普尔的成长时说道：“他在三分线外接到球之后的移动速度是如此之快，很快就能突破到篮下并且完成得分。迈尔斯能在第 28 顺位找到他真不容易，长远来看，我认为克雷・汤普森回归后，普尔可以在未来去竞争最佳第六人。他真的有能力在任何夜晚拿下 20 分。”

回过头去看，包括鲍曼、帕斯卡尔、克里斯、埃文斯、斯佩尔曼、本德尔、斯迈拉基奇、穆尔德……勇士在至暗岁月里曾播下无数希望的种子。岁月流转，这些曾经熟悉的名字已经逐渐陌生，而普尔凭借着天赋与不懈的努力，终于在湾区扎下根来。

北京时间 2021 年 5 月 22 日，万众期待的西区季后赛附加赛的最后一场比赛，在勇士队的大通中心打响。坐拥主场之利，再加上常规赛收官战里曾经击败灰熊的心理优势，使得以 15 胜 5 负结束赛季的勇士势如破竹，志在必得。这场球一开始，勇士队就坚定执行了上一场对阵灰熊时采取的防守策略，收缩内线，放给莫兰特纵情出手空位三分的机会。

但是这个曾经在收官战中帮助勇士大胜 12 分的战术，这次并没有奏效，莫兰特在这场比赛里得心应手，三分球 10 投 5 中，这位赛季外线命中率只有三成的球员，硬是用五成的三分命中率，把勇士打慌了神。

不过即便如此，勇士的底蕴还在，流淌的冠军血液还在，库里、格林和普尔在常规时间末端连续发力，艰难地将比赛拖入加时。但是，如果每一次拼了命都能换来奇迹，那奇迹也未免太过廉价，没有惊天逆转，也没有绝杀成神。英雄的剧本终究是没能在挣扎了整季的勇士身上上演，一小部分无奈的球迷一个接一个地转身离场，甚至不愿陪伴自己的球队走完这个赛季的最后 5 秒。

以至于在比赛还剩下 2.2 秒，全场再次爆发出震耳欲聋的欢呼声时，当这些退场球迷从通道中惊醒转身，好奇究竟发生了什么的时候，他们已经错过了底角那一闪而过的寒芒，错过了一记将分差缩小到两分，让勇士重拾希望的高难度三分球。的确，最后的结果没有改变，贝恩的 2+1 让勇士的赛季在那一秒盖上了结束的封章。可尽管半季的努力似乎都在这一刻功亏一篑，但在翻涌着无数未知的滚滚云涛和迷雾之下，已经有灼眼的霹雳和灿烈的花火迸溅而出，就像在绝望之中，仍要固执地投进那记底角三分球的乔丹·普尔一样，转身离开的人就让他转身离开吧，总有人要给予勇士新的希望，背起行囊铿锵而行。

➔ 虽然勇士在2020/2021赛季无缘季后赛，但普尔的成长令人欣喜。

休养生息

2018/2019赛季总决赛，杜兰特与汤普森先后遭遇重伤离场，这被视为勇士冲击三连冠之路上的一团乌云，可实际上，一切命运的馈赠，早已在暗中标好了价码。五年的王朝让金州沐浴在了荣耀的圣光之下，但与此同时，大量的高强度比赛也给这支球队带来了身体与心理上的累累重负。

"这种疲惫感是别人看不见的，只有我们能够亲身感受到。"勇士主教练科尔说道："在我效力公牛的时候，1997/1998赛季就给我带来了很强的疲惫感，我觉得我再次在2018年的勇士身上体会到了这种感觉。第五年的冲冠之旅真的太难了，不论是身体上、精神上还是感情上。你可以去问问20世纪80年代湖人和凯尔特人的球员，问问菲尔·杰克逊或者波波维奇，当你连年向冠军发起冲击的时候，真的会越来越难。"

在汤普森膝盖受伤之前，他曾是NBA之中出勤率最高的"铁人"之

↓ 2018/2019赛季总决赛，汤普森的受伤让勇士失去了最后的希望。

← 汤普森身着保护靴，耐心调养身体。

→ 经过一年的休整，卢尼逐渐打磨出了“老黄牛”的属性。

一。新秀赛季，汤普森“仅仅”出场了66场比赛，而自那以后的7个赛季里，汤普森的累计常规赛缺席场次仅为25场，出勤率高达95.6%。自2012/2013赛季到2018/2019赛季，勇士队连续7个赛季打入季后赛，在因为腿筋伤病缺席与猛龙系列赛的G3之前，汤普森在生涯前120场季后赛里保持了恐怖的全勤纪录。可是，最坚韧的钢铁也有金属疲劳与韧性极限，连年高强度、高密度的比赛，终究是击溃了汤普森的身体。

经过了一年艰苦卓绝的复健与修整，汤普森终于从2018/2019赛季总决赛G6的十字韧带撕裂的伤情中康复，可就在他全力训练，试图为因疫情而推迟的新赛季做准备时，却又一次遭遇了命运的重击。2020年11月18日，NBA选秀大会开始前两个小时，汤普森再度受伤的消息传来。一瞬间，勇士选秀战情室内的空气仿佛被完全抽干，所有人都跌入了如同窒息般绞痛的情绪深渊。意外的跟腱撕裂让本已凝心聚力备战新赛季的汤普森，再度跌入谷底，一切又得从头再来。

为了走出这两年的至暗时刻，汤普森寄情于山水，在其个人训练专家的引荐之下，终于将自己的航海梦想付诸实践。在一家西雅图的船舶经销商手中，汤普森花费接近200万人民币的价格，购入了芬兰造船公司Axopar生产的37英尺小型游艇。自那以后，我们便会看到，汤普森或一个人，或载着怀斯曼、巴博萨与他一

同出海，享受惬意时光。“海洋、自由潜水、捕鱼、开船，这一切会给我带来快乐。对于我来说，这仅次于在篮球场获得胜利时的快感，这是我发自内心的感受。”汤普森说道。

两年的康复期着实不易，但只要飘荡在开放的海域上，汤普森便可以忘记自己的烦恼和失落，享受阳光与海面清爽的微风，静静地等待身体的康复，等待正式复出之日的到来。

同样利用勇士低谷赛季继续强化自己身体的，还有球队的“老黄牛”凯文·卢尼。

生涯前六个赛季，卢尼只在2018/2019赛季的出场次数达到了80场，即便场均只能拿到15分钟左右的出场时间，他的身体还是很难扛得住整个赛季的负荷。想要拿到稳定的机会，稳定的合同，必须要有稳定的身体。考虑到髋关节严重的伤病史，控制体重，减轻受伤部位的压力，是卢尼训练中优先级最高的事情。但是，不幸的卢尼这一次又遇到了麻烦。

卢尼由于长期以来始终被肠胃病问题困扰，一直没有办法很好地去控制自己的体重，他的体重远远超出了训练团队的规定和要求。随着体重的增加，卢尼在球场上的移动速度和横移速率，大大下滑，直接影响了他在防守端的换防表现。在勇士没有成绩压力的2019年，卢尼前往了明尼苏达著名的梅奥诊所寻求解决方案。可即便是全美最顶尖的专家，也没法给出具体的结论。会诊之后，医生们认为卢尼遭遇到了神经性的损伤，唯一可以给出的建议，就是将所有含有谷

STATE
STATE
STATE
STATE
STATE
SPALDING

←疫情与伤病，让库里获得了难得的长期休息机会。

↑赛场之外，高尔夫球是库里休赛期爱好之一。

蛋白、奶类、糖类的食物，全部清理出他日常的食谱。

就此，卢尼变成了只吃鱼肉和素菜的鱼素主义者，整个饮食周期长达六个月。不仅如此，卢尼也利用这段时间开始养护自己的身体，将瑜伽、普拉提和冥想加入到自己的日常训练套餐之中。去年夏天，卢尼还在旧金山找到了一位教练学习泰拳，每周四天，一天练拳三个小时。通过饮食的管理再加上严格的训练，在2021/2022赛季开始之前，卢尼的身体达到了自高中毕业以来的最佳状态。

于是在2021/2022赛季之中，卢尼从曾经的“纸片人”，一举进化成为球迷们口中的“钢铁侠”。常规赛期间，卢尼成为NBA中仅有的五位82场全勤的球员之一，场均21.1分钟的出场时间，也创造了其职业生涯的新高。健康的身体，也让卢尼在自己擅长的方面，能够更加高效地帮助球队。他在常规赛期间场均贡献7.3个篮板，其中有2.5个是前场篮板，均创下其职业生涯新高。在怀斯曼赛季报销，格林整月伤停，勇士内线空虚之际，卢尼顶住了勇士内线的脊梁。到了关键的比赛中，他也可以顶住字母哥、恩比德、约基奇的压力，更可以单场狂摘22个篮板球，帮助勇士重返西决。

最后，作为球队绝对核心，库里的体能补充更是成为勇士为又一次冲冠之路打好基石的关键。还记得在2019/2020赛季常规赛的第四场比赛里，库里因为手掌骨折进入漫长的修养期，直到2020年的三月初，才在赛季末一场无关紧要的比赛中复出。随后，新冠疫情的暴发，提前宣布库里的赛季正式结束，长达9个月的漫长休假就此开始。

“在家里看球员们在‘泡泡园区’里打球的感觉非常奇怪，我非常想要出战高级别的篮球比赛。”库里说道：“但是在这段时间，我得把握机会去帮助我的身体调整到最佳状态，我需要变得更加强壮，让每个动作都变得更加高效，努力提高自己的技术水平。到了新赛季开打的时候，我会拥有全新的身体和充沛的体能，而不是像一位普通的33岁球员。新赛季开始前的9个月对于我来说真的太关键，我可以完成身体和精神上的重新充能。”

2019/2020赛季，库里仅仅出战了5场比赛，如果从2019年10月受伤后到2020年12月新赛季开始前计算，库里在接近14个月的时间里仅仅打了1场常规赛的比赛。祸兮福之所倚，正是由于受到了伤病与疫情的影响，让库里完成了身体素质的增强与体能的重置，为他接下来两个赛季的澎湃爆发储备了能量。

疯狂宣言

距离勇士和灰熊的附加赛生死战结束还剩下不到10秒钟的时间，大通中心的球迷们已经开始陆续离席，希望可以在返程车辆塞满湾区大街小巷之前，提前离开伤心落泪处。这一切都被库里看在眼里，看着在比赛中为其高呼“MVP”的球迷们转身的背影，他站在球场里叉着腰，露出半截牙套，难掩神情的失落。附加赛两战先后轰下37分和39分，即便个人发挥已无可挑剔，做到了自己力所能及的一切，但还是难以拉起足有千斤之坠的勇士。

两场附加赛，库里让这张季后赛门票看起来唾手可得，但最终却又遥不可及，这何尝不是整个赛季库里与勇士命数的缩影。

上个赛季，被伤病击穿的勇士正式进入过渡期，等待静心养伤的汤普森伤愈归来。2020 年选秀大会当日，汤普森的来电打破了迈尔斯的全部布局。选下怀斯曼继续练兵，勇士的调整之年被迫继续。西区第 14 名，勇士队在本赛季初期的战绩和表现并没有与 ESPN 的模型预测偏离太多。科尔在传切和挡拆之间摇摆不定，怀斯曼在适应过程里挣扎沉沦，勇士则死死咬住五成的胜率，尽可能地吸入每一口维持体面的空气。混沌与迷茫的时代需要明灯和英雄，而在看不到尽头的黑暗夜空之中，库里在2021年4月华美绽放，唤醒每一个与自己并肩作战的队友，振奋每一位尚存期待或早已无所希冀的球迷，请别温和地走进那静谧的良夜，要在光芒消逝之中炸燃抗争的烈火。

整个4月份，全联盟之中似乎无人可以跟得上库里冲刺的脚步。怀斯曼伤停，勇士练兵任务暂告段落，科尔亲手揭开了库里身上的封印，将勇士的船舵完全交到了他的手里。被彻底解放的库里纵情燃烧，斩下如麻的纪录。即便是伤病再度侵袭，也无法拖慢他飞驰的步伐。

2021年4月18日和凯尔特人的比赛里，左脚脚踝外翻90度的库里缓慢从北岸花园的地板上爬起，服下药片坚持比赛，虽然遗憾与胜利失之交臂，却单场狂轰47分。此役过后，库里成为勇士历史上继张伯伦之后，第二位能够连续10场得到30分的球员。放眼NBA历史，唯二能够在33岁打出连续10场30+的，除了库里之外，只有科比一人，伟大如迈克尔·乔丹，33岁后最长连续30+场次也不过只有7场。库里扛着脚踝的疼痛，就此立下不屈宣言。

短短48个小时之后，打好绑脚穿好护踝，库里踏上了76人主场富国银行中心的地板。第四节比赛，库里在不到7分钟的时间里三分球5投5中，得到20分，正负值高达+12。如果不是因为被对手戳中面部影响手感错失一次罚球，库里很有可能带着50分离开费城。10记三分球，全场狂揽

← 状态挣扎起伏的怀斯曼，让勇士球迷又爱又恨。

↓ 2021年4月击败掘金后，安德森为爆发后的库里“降温”。

49分，就连费城的主场在比赛最后时刻都为库里响起了“MVP”的呼声。

仅这一个月的时间，库里就5次单场轰下40+，一举超越了乔丹和科比，成为NBA历史上33岁以上球员中单月得到40+场次最多的球员。单月15场比赛之中，库里场均得到37.3分，场均以46.6%的三分球命中率斩获6.4记三分球，单月96记三分球命中数也刷新了NBA纪录。

激战绿军时崴伤的脚踝，面对火箭撞伤的尾椎骨，库里的高效让所有伤病看起来都微不足道。就像是跟腱撕裂赛季的科比，库里在赛季末期爆发出了无与伦比的求胜欲，展现出了金州队魂的担当。或许没有科比伤退的荡气回肠与悲壮之感，可库里所做到的一切绝不比曼巴来得逊色。

场均32分，2020/2021赛季的库里是继乔丹之后年龄最大的得分王；场均5.3记三分，2020/2021赛季的库里也是联盟历史上最高产的射手；连续11场30+，库里在最后20场球里率队打出了15胜5负的战绩，

↑ 5月击败火箭后，不可阻挡的库里振臂怒吼。

↗ 尽管无缘季后赛，但库里坚信勇士将会迎来涅槃。

几乎是凭一己之力将附加赛的门票带回了金州，让一支上赛季 15 胜的球队摸到了季后赛的门槛。如果你不够幸运，没有目睹 2015/2016 赛季那个改变篮球运动的库里，那么在这个赛季，你理应享受库里出场的每一场比赛，因为我们每一个人，都是一部史诗和传奇的亲历者与见证者。

正如库里在被淘汰之后所言，勇士理应为本赛季取得的成绩而感到骄傲，而关于未来，勇士不该再有任何踌躇犹豫的理由和借口。想要再度组建出 2017 年的历史级别球队不切实际，但是围绕 MVP 级别的库里、复出后的汤普森再加上季后赛级别的格林、扎实靠谱的卢尼、逐渐融入的维金斯，怒砸金元搭建出一套具有冲冠级别能力的阵容绝非海市蜃楼。你相信光吗？尽管赛季还是提前结束了，但是这个赛季的库里给了金州所有人一道可以追逐的光。

“在赛季末段，我们为自己争取到了一个闯入季后赛的机会。我们未能如愿，这令人沮丧，但是我为今年所能完成的成就感到骄傲。不论是个人荣誉，还是集体的成长。我们的年轻球员获得了成长，我和“追梦”、卢尼有了一次全新的体验。我们会利用好这个夏天，每个人都会加满油，明年不会有人想再碰上我们的。”库里说道。

幕后英雄 **小迈克·邓利维**

名门之子 再助勇士

20年前，他是被勇士选中的探花秀。如今他是勇士的篮球运营副总裁，最近几年为勇士挖掘新星立下大功，其中推动勇士选中乔丹·普尔就是他的杰作。小迈克·邓利维球员时代拿到了NCAA总冠军，如今又以NBA球队管理人员的身份拿到了NBA总冠军，无疑是篮球事业上的赢家。

小邓利维是名门之子，他的父亲老邓利维在NBA打过12年球，还执教了17年。老邓利维执教NBA常规赛1329场，其中613胜716负，胜率46.1%；执教季后赛71场，其中38胜33负，胜率53.5%，率队打进过一次总决赛。

← 小邓利维已经是勇士管理层二号人物，话语权仅次于总经理迈尔斯。

↗ 小邓利维在2002年被勇士用探花签选中进入NBA。

↓ 小邓利维和迈尔斯一起观看球队训练。

小邓利维在2002年被勇士在第三顺位选中。球员时代的小邓利维在达到准全明星级别的时候出现重大伤病，就此状态下滑，没能成为全明星球员，留下了遗憾。不过，退役之后的小邓利维，在勇士干得风生水起。

勇士有聘请旧将回归的习惯，巴博萨、帕楚里亚和利文斯顿都曾回到勇士工作。小邓利维2017年退役，2018年加盟勇士担任球探，2019年他被球队分配考察NCAA大十区的球员。小邓利维很快就喜欢上了密歇根大学后卫乔丹·普尔，并且针对普尔的资料和背景进行了深入调查。

勇士总经理鲍勃·迈尔斯有一天询问小邓利维，在此前的大十联盟赛区球员考察中，有谁值得他去看看。"他说，'你该去看看普尔这人'。"迈尔斯说道。

普尔在密歇根大学的大二赛季场均得到12.8分2.9个篮板2.1次助攻，投篮命中率43.6%，三分命中率36.9%。如果光看这份技术统计，看不出普尔有多出色，但是看了普尔的训练和比赛后，小邓利维深知这是一个可造之才。2019年选秀大会，骑士在第26顺位没有选择乔丹·普尔，而是选了迪伦·温德勒。要知道，普尔的密歇根大学恩师约翰·贝莱因到骑士当上了主帅。贝莱因没有选自己的弟子，证明了他并不是很看好普尔。

勇士则在第28顺位果断选择了普尔。事实证明，小邓利维的推荐很正确，勇士捡漏了。普尔在2021/2022赛季常规赛场均得到18.6分3.4个篮板4.0次助攻。季后赛他场均得到17.0分3.8次助攻，投篮命中率50.8%，三分命中率39.1%，进攻效率非常高。

小邓利维在勇士步步高升，2019年升职成为总经理助理，2021年再升职为篮球运营副总裁，在人事决策上，他只在鲍勃·迈尔斯之下。"邓利维很聪明，对NBA圈子很熟悉。"这是勇士主帅科尔的评价。

勇士不仅有豪华球员阵容，有强大的教练团队，还有雄厚的幕后管理层力量，这才是一支王朝球队应有的配置。

王朝趣闻

佛系汤普森 场外更精彩

2018/2019 赛季总决赛的重伤，不仅让汤普森和勇士错失了三连冠的机会，更是让汤普森个人经历了一段非常难熬的职业生涯时光。直到 2021/2022 赛季，完全恢复了身体健康的汤普森，才在远离 NBA 赛场多达 941 天后，重新站在了球场上。如果是其他球员，说不定就会被这样接连的打击摧毁了信心，但汤普森显然不是这样的球员，他不仅扛过了那段艰苦的时光，还用“佛系”的心态将生活过得非常多姿多彩。

汤普森除了 NBA 球员之外，还有一个非常重要的身份，他是一位爱狗人士，他与自己的宠物狗罗科（Rocco）之间的相处，更是成为 NBA 的一段佳话。不管汤普森去做什么，只要条件允许，他都会带着罗科一起，在他的社交媒体上，有关罗科的内容更是不胜枚举。

对于单身的汤普森来说，罗科给了他非常大的陪伴，也填补了他生活中很多的时光。比如 2019 年遭遇膝盖重伤之后，在漫长的伤病恢复期里，汤普森需要做大量单调且重复的复健疗程，罗科的陪伴可以在很大程度上减缓汤普森的焦虑，给他心灵上的安慰。加上后来汤普森又遭遇跟腱伤势，他又需要再经历一次长时间的治疗和康复过程，罗科又成为汤普森的好伙伴。

这两位好伙伴之间，不仅会经历这样的“共苦”岁月，也有很多“同甘”的时光。作为勇士王朝的核心人物，汤普森虽然在 2019 年遭遇重伤，但也收到了球队开出的大额续约合同，这也让汤普森的个人生活有了充足的保障，也可以让他与罗科一起，充分地享受生活。不管是乘坐私人飞机出去度假，还是坐游艇在海上飞驰，在汤普森的身边，憨厚的罗科总会如影相随。

当然，除了与宠物狗相伴之外，汤普森还有很多精彩的场外生活，总会带给人眼前一亮的感觉。比如 2021/2022 赛季总决赛期间，在主场比赛开始前，他会一反常态地骑着自行车登场；而在总决赛结束后，他在乘坐游艇的时候进行直播，结果冠军帽被吹飞的一幕，被很多网友一起目睹；到了冠军游行的时候，汤普森干脆不戴冠军帽，直接换上了一顶船长帽。场外精彩的“佛系生活”，让汤普森如此与众不同。

数说王朝

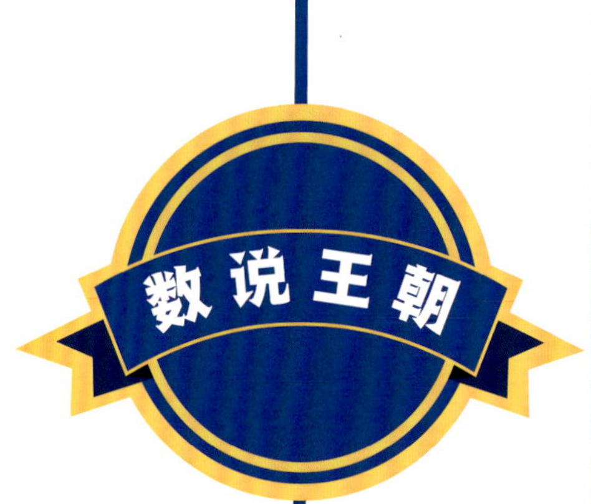

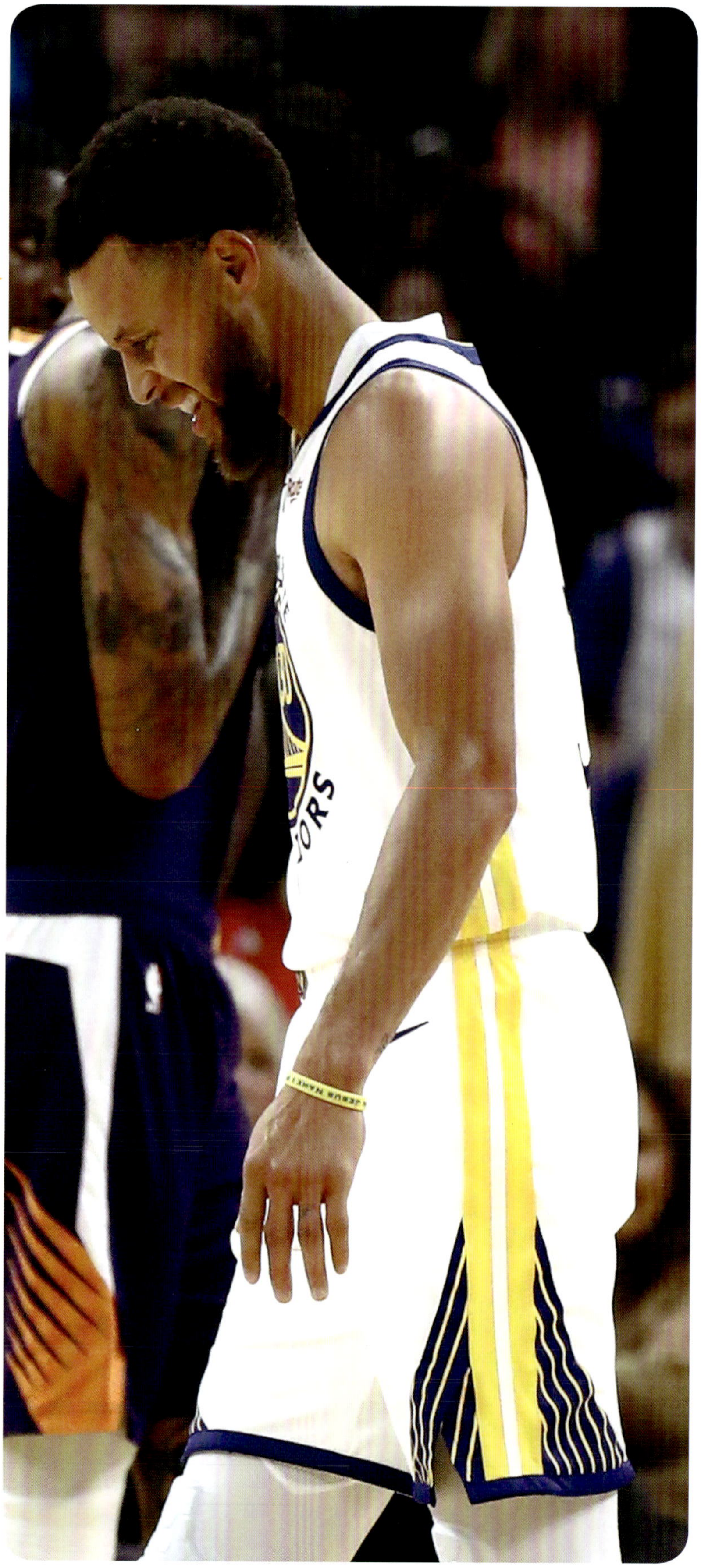

15胜 50负

在连续5年杀入总决赛之后，勇士队在2019/2020赛季陷入了低谷。在那个赛季当中，他们仅仅取得了15胜50负的战绩。在NBA历史上，从没有哪支此前能够连续三年杀入总决赛的球队，在接下来的赛季当中打出如此糟糕的常规赛战绩。

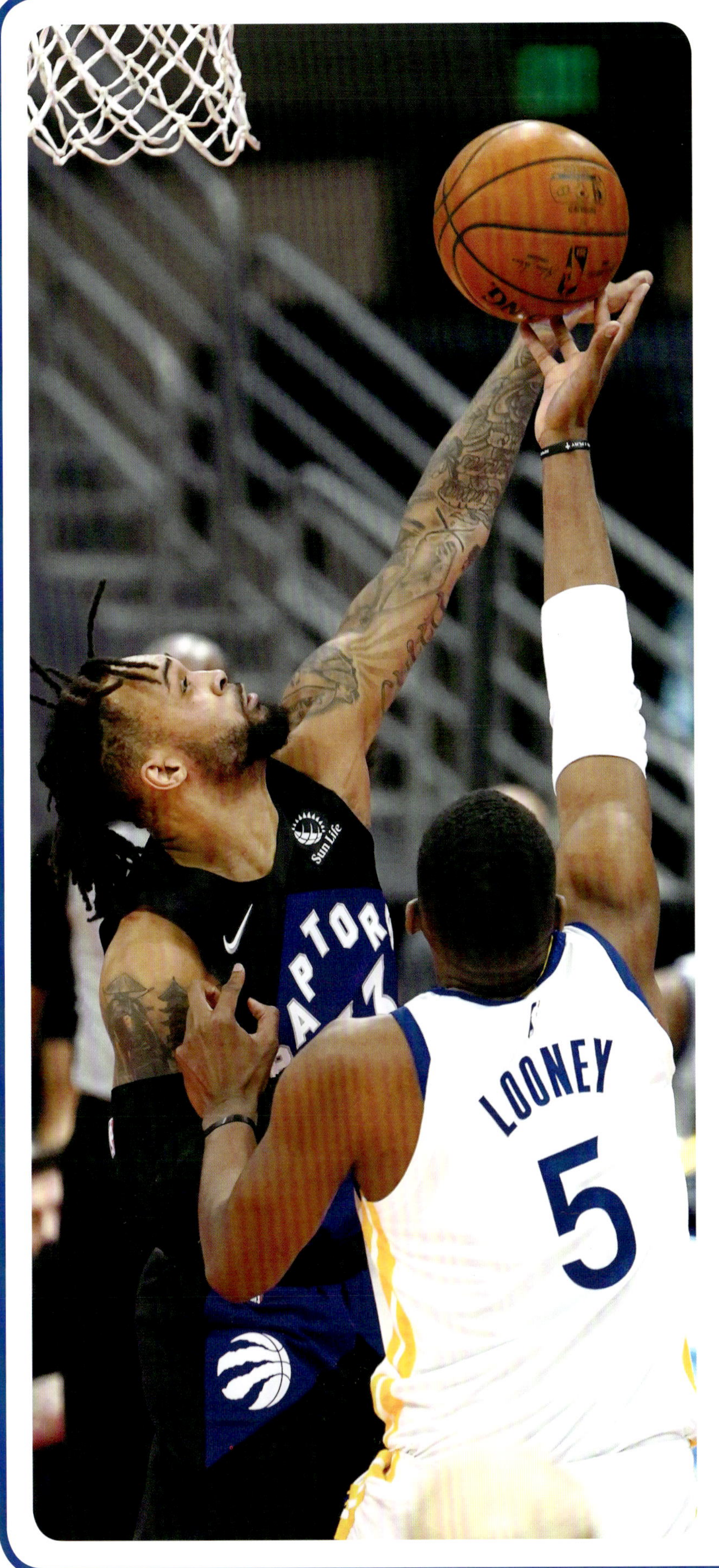

53

2018/2019赛季总决赛，猛龙以4:2的比分击败勇士夺冠。在2020/2021赛季当中，猛龙常规赛面对勇士曾经大胜勇士53分。53分是猛龙队史最大净胜分差，同时也是勇士当赛季最大输球分差。另外，53分还是勇士队史第二大输分纪录。猛龙队在第二节净胜勇士队19分，又在第三节净胜32分，连续两节合计净胜51分，这同样创下了NBA的历史纪录。

1.171亿

虽然勇士队在2020/2021赛季没有打入季后赛，但他们的奢侈税金额高达1.171亿美元，在NBA历史上各支球队中排名单赛季第二（仅次于他们的2021/2022赛季）。缴纳如此多的奢侈税，但却与季后赛无缘，勇士诠释了何为“花最多的钱，挨最狠的打”。

23%

在2019/2020、2020/2021这两个赛季当中，当库里在场时，勇士队38胜30负。当库里不在场时，勇士队16胜53负，胜率只有23%。

王朝复兴

对于库里来说，这是集满生涯荣誉的完满一冠；而对于汤普森和这支勇士来说，这是涅槃重生之后的归来一冠、宣言一冠。两年蛰伏后重回季后赛便夺得总冠军，拥有状态出色的核心阵容、登峰造极境的库里以及怀斯曼、库明加、穆迪、普尔等一众潜力满满的年轻人，勇士未来的冲冠之路，绝无止境！

Finals
2021-2022
CHAMPS
NBA
GOLDEN STATE
WARRIORS

蓄势待发

CHASE CENTER
7.2 & 7.3 CALIFORNIA CLASSIC · 8.3 THE LUMINEERS · 8.23 THE KILLERS · 9.4 DURAN DURAN · 9.16 SWEDISH HOUSE MAFIA · 9.17 SWEDISH HOUSE MAFIA WITH ZHU · 9.18 TWENTY ONE PILOTS · 9.21 GORILLAZ · 9.23 & 9.24 ROGER WATERS
10.1 KEVIN HART · 10.12 PET SHOP BOYS & NEW ORDER · 10.20 KAROL G · 10.25 PANIC! AT THE DISCO · 11.12 LIZZO WITH LATTO · 11.15 SMASHING PUMPKINS WITH JANE'S ADDICTION · 11.19 CARRIE UNDERWOOD · 12.1 ANDREA BOCELLI
EAST ENTRANCE
EAST ENTRANCE
EAST ENTRANCE

结束了结婚十周年的庆祝旅行，库里从坦桑尼亚回到金州的第一件事，就是在一份 4 年价值 2.15 亿美元的续约合同上签下了自己的名字。完成续约之后，当时的库里成为 NBA 历史上首位两次签下总价值超过 2 亿美元合同的球员。

库里的顺利续约给勇士的管理层吃下了一颗定心丸，再加上熟悉勇士体系的伊戈达拉、球商极高的别利察以及放弃其他球队迷你中产报价，底薪来投的奥托·波特，勇士已经组建出了一套看起来颇具深度的轮换阵容。进入到季前赛之中，勇士的 15 人阵容名额已经只剩下一个，等待汤普森和怀斯曼的复出，勇士期待能够在季后赛之中再度搅动风云。

起初，考虑到接近 3.5 亿美元的薪金和奢侈税支出，迈尔斯并不打算使用手中的迷你中产，并且空出第 15 人名额，在保持阵容灵活性的同时，为拉科布节省一些不必要的开支。不过就在季前赛之中，出现了一位迈尔斯不愿意错过的球员。

2005/2006 赛季总决赛，热火在大比分 0∶2 的劣势之下完成了逆转，斩获了当年的 NBA 总冠军奖杯。加里·佩顿作为球队的替补控卫，收获了生涯中第一枚也是唯一一枚总冠军戒指。在夺冠庆典上，当时年仅 13 岁的佩顿二世近距离感受到了总冠军为一座城市带来的喜悦。

游行中，心情美丽的韦德与球迷们积极互动，甚至直接邀请现场球迷

← 2021/2022 赛季，大通中心票房火爆。

↓ 专精防守的佩顿，是勇士冠军赛季淘到的一块宝。

← 主场对阵公牛，三分出手篮球尚未落网，库里便提前庆祝。

↓ 挑战快船，库里向裁判抱怨吹罚尺度。

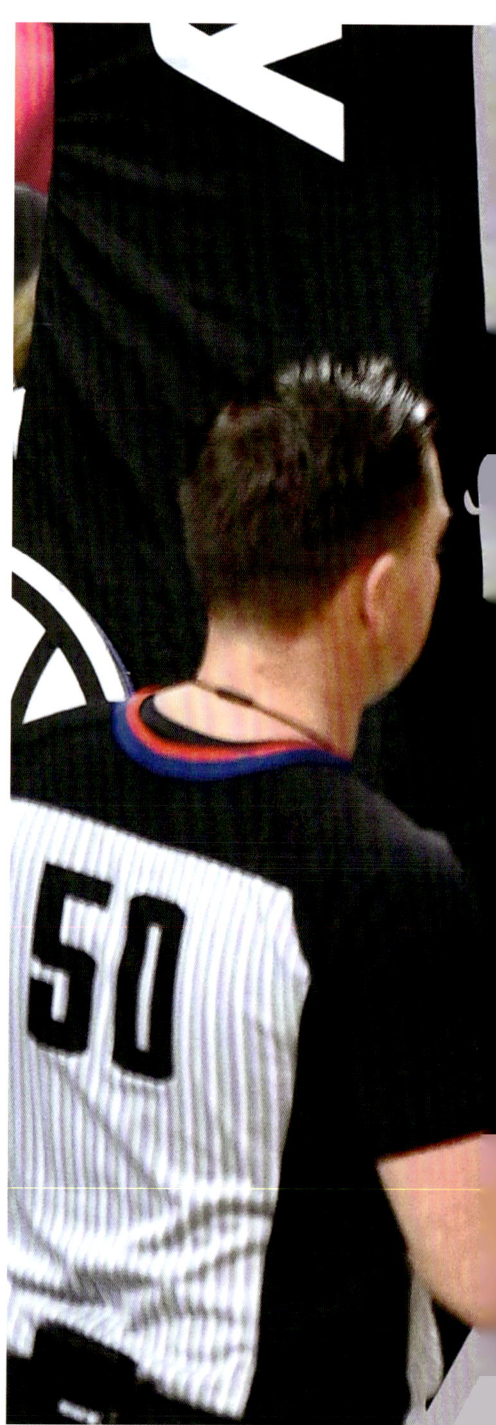

来一对一单防自己，尚未成年的佩顿二世自告奋勇地站了出来，在新科FMVP面前摆好了防守姿势。面对这样一位让当时的小牛全队都找不到答案的顶级二号位，佩顿的眼神里没有丝毫畏惧。

在父亲的耳濡目染之下，以科比为偶像，以托尼·阿伦为榜样的佩顿，将老派的篮球风格融入了自己的DNA之中。只要走上球场，他总会展现出极致的侵略性，不断地用攻击性的防守袭扰对方的顶级得分手。可是，由于身高偏矮，只有1.91米的佩顿二世，前几年的职业生涯走得并不顺畅。

2016年进入NBA的小佩顿，在加盟勇士之前，他先后为雄鹿、湖人和奇才效力过，4个赛季加在一起只打了61场比赛，首发29次，是不折不扣的角色球员。另外，他还为5支NBA发展联盟球队效力过，年纪轻轻就饱尝流浪之苦。2021/2022赛季开始之前，29岁的佩顿还在为一份底薪保障合同而发愁。眼看着季前赛的机会就要从指缝间溜走，佩顿说服了球队的医疗团队，让一个月前刚刚进行了疝气手术的他重返球场。在与湖人队的比赛里，佩顿仅用11分钟的时间，便用无所不在的攻防表现征服了迈尔斯和一众勇士老将，最终以老将底薪留队，就此，勇士便集齐了冲冠之路上的最后一块拼图。

季前赛首场比赛，进一步成长的普尔便奉献了一场令人惊叹的个人表演。他在22分钟的出场时间里，17

投10中，三分线外13投7中狂轰30分5个板5次助攻。在普尔的高光之下，勇士开启了不可阻挡的连胜势头。5场季前赛中，包括2场与刚刚组建出“三巨头”的湖人的直接对话，勇士豪取5连胜，带着季前赛不败的势头强势开启了自己的2021/2022赛季。

资本的嗅觉是敏锐的，根据转播安排，2021/2022赛季的勇士队将会有41场比赛面向全美进行直播，这一数量仅仅比洛杉矶湖人队少了1场，甚至要多于当时的卫冕冠军密尔沃基雄鹿的36场和布鲁克林篮网的38场，位列全联盟第二位，似乎全世界都在等待着他们的爆发。

赛程方面，勇士会在前两场比赛面对尚未完成磨合的湖人以及失去小卡的快船。而从北京时间2021年10

月25日到11月21日，在勇士共计13个对手之中，只有篮网和灰熊在当时被认为拥有高质量战力，赛季前15场比赛里勇士还拥有着8个连续的主场。连胜的势头、出色的阵容磨合再加上赛程的优势，勇士在新赛季开启了“乱杀”模式。

13场比赛之后，勇士的防守效率高居全联盟第一，是唯一一支能够将百回合失分控制在100分以内的球队。除此之外，球队的进攻效率同样位列联盟前五，他们能够将前一个赛季排名联盟第20位的进攻效率重新拉回联盟顶级（前13场），原因包括：

第一，快速的转换节奏。场均回合数位列联盟第五，场均快攻得分位列联盟第一。

第二，极佳的转移球。场均助攻和助攻率均位列联盟第一。

第三，顶级的投射效率。场均三分命中数位列联盟第一，有效和真实投篮命中率均排名联盟第一。

前13场比赛，勇士场均115.1分的得分睥睨联盟，球队在进攻端获得的出手质量，为全联盟最高。优质的进攻机会来源于极致的分享球与团队纪律性，勇士可以说是本赛季全联盟最不粘球的队伍，球员们每次触球的运球次数以及平均触球时间，均为联盟倒数第一。

库里向传统控球后卫的转型更是让勇士受益匪浅。同样是以前13场比赛为时间节点，共有45位球员至少创造出了100次可获得助攻的投篮机会，库里传球后队友的终结效率，排名45位顶级组织者中的第一位。他在进攻端能够让每一位角色球员都融入到体系里，发挥自己的作用。从上个赛季无缘季后赛的低档次球队，到如今这支攻守平衡的联盟大热，勇士在新赛季开局阶段的寒芒，亮得刺眼。

2021年的12月28日，NBA官方公布了2021年的最后一期球队实力榜。圣诞大战中，在缺少汤普森、普尔、维金斯和怀斯曼的不利局面下击败太阳的勇士，冲上了第一位。凭借着近乎完美的阵容磨合，再加上普尔与库里在赛季初期的出色表现，勇士队粉碎了外界的质疑和媒体对管理层保留年轻球员的批判，强势归来。

↓ 库里比出标志性的三分手势。

→ 在尼克斯主场，库里命中创造历史纪录的三分球。

三分之王

在 NBA 长达 76 年的历史长河之中，贾巴尔的天勾、科比的后仰、艾弗森的变向、诺维茨基的金鸡独立……有太多顶级得分手在篮球殿堂之中留下了属于自己的独特印记。可在得分、助攻、篮板、封盖等基础数据项目之上，纵使存在着站在历史之巅的王者，可就像你不会把斯托克顿和助攻完全画上等号一样，没有人可以在一个技术统计旁写下自己的名字。但如今的库里，改变了一切。

2021 年 12 月 15 日，纽约麦迪逊广场花园，库里在 12 年前梦开始的地方，接到维金斯的传球，在弧顶命中了职业生涯常规赛中的第 2974 记三分球，完成了对雷·阿伦的超越，站上了 NBA 历史三分之巅。暂停之中，他坐上板凳，眼眶已经被泪水打湿。纪录改写的一刻，似乎并没有荡气回肠与波澜壮阔之感。如同库里眼角微微落下的泪滴，这番细密绵长的感触更像是在见证一幕久别重逢或是终成眷属，三分的纪录终于和本该属于他的人在此刻相会，库里戴上了从他进入 NBA 开始算起，就在这里静静等待了他 12 年的王冠。

还记得在马克·杰克逊时期，虽

↑ 暂停期间，走向替补席时库里热泪盈眶。

→ 成为历史三分王后，库里握拳欢庆。

然勇士果断将埃利斯交易扶正库里，但是过多的挡拆战术却让库里负荷陡增。传切体系的引入，让曾经只能在进攻端充当看客的队友，在全新体系里为库里创造出了更多的进攻机会。一次次扎实的挡拆和恰到好处的掩护，让库里完成了最后的进化，迈入无人可以踏足的究极之境。

独揽勇士进攻大权的首个赛季，库里便用272记三分球打破了由雷·阿伦保持的NBA单赛季三分命中数纪录。随后三个赛季，库里的单赛季三分命中数均稳定在260记以上。2015年，科尔的到来将勇士打造成为总冠军球队，库里向世人证明，精准到极致的三分真的可以“让战术去死”，并且带走奥布莱恩杯。简单适应之后，在科尔体系中如鱼得水的库里便拉开了一个时代的序幕。不算受到伤病影响较多的2017/2018赛季和2019/2020赛季，自科尔执教勇士的第二年以来，库里在每个赛季中都可以产出320记以上的三分球。其中在2015/2016赛季，库里更是将NBA单赛季三分命中数纪录直接越过300记的百位层级，推高到402记大关。

由于没有足够的身高，库里在父亲的指导下改变投射姿势并精进运控；由于在对抗之中频繁吃亏，库里便与训练师佩恩开始打磨自己的力量与耐力；随着对手防守区域的扩大，库里更是将三分球出手的热区覆盖到了整个半场……定位投手的精准度，持球核心创造空间后的干拔能力，开创性的超远距离投射，有关于三分的一切技术，库里应有尽有。变向、急停、绕掩护、后撤步，这是库里命中三分的方式；弧顶、底角、45度、半场Logo，这是库里命中三分的位置。毫无疑问，库里是三分这个领域里，第一位也是唯一一位集大成者。

库里当初为了在NBA中生存所做出的每一次改变，铸就了一把通向新时代的钥匙。让更高的球员去距离篮筐更近的地方获得更加轻松的得分，是NBA数十年来的趋势与方向，但是这一切，在斯蒂芬·库里出现之后，

Rakuten
30

↑ 库里与雷·阿伦和米勒的球衣合影。

→ 打破历史三分纪录后的库里，眼睛已经湿润。

被彻底改变了。见证了库里与勇士的成功，整个联盟开始疯狂地拥抱三分。

1979/1980 赛季，联盟各支球队场均三分出手数只有 2.8 次，场均命中数 0.8 个；到了 2009/2010 赛季，库里的新秀赛季，联盟各支球队场均三分出手数是 18.1 次；2014/2015 赛季，库里拿下首冠时，联盟各支球队场均三分出手数是 22.4 次；到了 2021/2022 赛季，联盟各支球队场均三分出手数已经到达了 35.4 次。

在库里进入联盟之前，联盟中单场命中 10 记以上三分的纪录是由 J. R. 史密斯创造的（3 次），27 英尺开外的三分命中数纪录是科比创造的 211 球，历史上更是没有任何一个人可以单赛季场均命中 5 记三分。库里呢？单场命中 10 记以上三分，他做到了 22 次；27 英尺之外的三分，库里命中了 703 球；赛季场均 5 记以上三分的数据，库里已经做到了 4 次。

扣篮、变向、跳投、封盖、抢断、助攻……在 NBA 里，任何一个细分领域之中都有着多位佼佼者。可谈到三分之王，你脑海中浮现的只有库里。作为三分时代的开创者，库里已经做到了前无古人，而在可预见的未来之中，很可能也是后无来者。

看向现在的联盟，现役球员打破库里纪录的可能性微乎其微。NBA 是篮球奇迹诞生之地，库里本身便是奇迹之一。他的存在前无古人，至于库里之后能否有来者，我们没有能力去妄下断论。可能够打破库里传奇丰碑的，只能是一个更加令人瞠目的伟大神迹。

2016 年 11 月 1 日，雷·阿伦宣布将就此结束自己辉煌的职业生涯。与他 NBA 岁月一同就此定格的，还有 2973 记的常规赛三分命中纪录，为了做到这一点，雷·阿伦用了 1300 场比赛。5 年之后，库里让阿伦的纪录作古，而他的出场次数却仅有 789 场。如若库里能够保持现今的产量，那么待到他达成 1300 场大关时，他的三分命中数将会是 5000 记。而这也正是库里的可怕之处，对于 34 岁的库里来说，三分历史第一人的王冠不过是生涯的又一个节点与注脚。在他的带领之下，从谷底中涅槃的勇士再度领跑常规赛榜单。万千纪录已成过往，站在距离篮筐八米远的位置上，三分之神的眼眸中，映射出的是奥布莱恩杯的倒影。

涅槃重生

“教练，给我两分钟，我会回到球场。”

2018/2019 赛季 NBA 总决赛 G6，说完这句话之后，遭遇严重膝盖伤病的汤普森转身走进球员通道。可是等到他再次转身冲进勇士主场的聚光灯下，却已经是 941 天之后。在 2021/2022 赛季开始之前，勇士队便决定将汤普森的复出安排在主场。为了迎接万众瞩目的“克雷日”，库里把自己的社媒头像换成了汤普森的自拍照，格林在当日凌晨五点，便因为过于兴奋早早醒来。

比赛开始之前两个小时，勇士主场完成了特殊的布置，球队在每个座椅上都披上了一条印有勇士 Logo 的蓝色毛巾。而在赛前入场和热身时，勇士的球员们也都纷纷穿上了汤普森不同款式的 11 号球衣。通常情况下，库里总是先发五虎中最后一位由 DJ 介绍出场的球员。而在这样一个特殊的日子里，这个殊荣给到了汤普森。

还记得在赛季开局阶段六连胜期间，在勇士主场击败开拓者的比赛之后，汤普森头盖毛巾坐在场边久久不愿离去，在全场数万名球迷的欢呼声中，不再向过去两年的深渊回望的汤

←与开拓者的比赛结束后，即将复出的汤普森心情复杂。

→汤普森复出首战，便完成突破劈扣。

普森眼神坚毅，他知道，自己已经为再一次艰苦卓绝的攀登做好了准备。

比赛第一个回合，汤普森就利用队友的掩护，面对马尔卡宁和阿伦两位 7 尺长人轻巧地将球抛进篮筐。第二节末段，汤普森拉开到外线，一个变向便轻松甩开换防出来的阿伦，曾经遭遇跟腱撕裂的右脚发力蹬地刺入禁区，从十字韧带伤情中恢复的左腿将汤普森送上空中，隔着两位骑士防守球员完成了劈扣，将大通中心彻底点燃。漂移中距离、协防封盖、转换三分……汤普森用 19 分钟 17 分的表现宣告了自己的回归，而在球场上的轻松写意就像他从未离开一样。

可是对于后半段赛季的勇士来说，汤普森的复出之战就像是绽放在城堡上空的绚丽烟火，待一切燃烧殆尽，漆黑的天空更像是深渊。为了让汤普森的复出之战显得更加圆满，格林带着后背伤病首发出战，跳球之后便主动犯规申请离场。经过核磁共振的确认，格林的伤病与腰椎相关，如果处理不当，很有可能影响剩余的职业生涯。为了能够在季后赛之前完成复出，格林选择进行保守治疗，静心休养。

格林的伤停再加上怀斯曼膝盖伤病的反复，勇士的内线被伤病掏空，防守效率也是急速下滑。格林受伤之前，勇士赛季前 39 场比赛里的场均篮板数排名联盟第 5，防守效率排名联盟第 1。而在格林伤停的两个月时间里，勇士的场均篮板下滑到了联盟第 14 位，防守效率更是从联盟之巅坠落至第 11 位。

防守中坚力量伤停，勇士的绝对进攻核心库里也遇到了问题。进入2022年1月，库里频发的离谱表现足以让整个勇士国度的恐慌指数突破阈值。

- 1月4日对阵热火，三分10中1
- 1月6日对阵独行侠，三分9中1
- 1月10日对阵骑士，三分9中2
- 1月22日对阵火箭，三分13中4
- 1月24日阵爵士，三分13中1

←激情澎湃的德拉蒙德·格林。

↓库里精准且优雅的投篮手型。

2022年年初的15场比赛里，库里在三分线外完成了161次出手，只有53球命中，命中率为32.9%，算得上是库里职业生涯之中命中率最为惨淡的一个自然月。比赛之中，库里的三分球经常出现弧线偏短，篮球磕打在篮筐前沿的情况。在一次训练之中，有了灵感乍现的瞬间，他发现问题的根源其实是出现在脚部。

那段时间，库里养成了一个坏习惯。曾经习惯用脚趾与脚掌连接处那块肉垫发力的他，下意识地开始用脚趾起跳，因此出现投篮起跳时下肢力量提供的上升惯性不足的情况，进而导致投篮偏短。在常规赛结束之后，库里在接受旧金山当地电台采访时表示，包括疲劳、增重、轮换模式变化以及追求三分纪录心切，都是导致自己投射表现波动的原因。

在库里努力寻找并解决问题的同时，他的两位后场搭档汤普森和普尔也在经历各自的挣扎。完成了令人惊艳的复出表现之后，汤普森的手感飘忽不定，接球跳投三分球的命中率甚至一路跌破36%。外界的批评声音不绝于耳，甚至有人要求科尔将状态平平的汤普森拿出首发，给普尔让位。

另一边，经过赛季初期的调整，普尔逐渐在首发位置找到状态。不过因为汤普森的回归，普尔被迫重回板

凳席，刚刚酝酿出的良好节奏又被扯得稀烂。常规赛阶段，在普尔替补的25场比赛里，他的三分球命中率只有34.1%。而在他首发出场的51场比赛里，这个数据能够提高到37.1%。

由于伤病以及三位后场进攻核心的状态波动，勇士的表现高开低走。将本赛季常规赛一分为二，勇士在前41场比赛中的战绩为30胜11负，胜率高达73.2%，仅次于太阳排名联盟第二。后半段赛程，勇士的战绩为23胜19负，仅仅排名联盟第12位。

不过当3月份的日历缓慢翻开，勇士似乎终于找到了答案。在与凯尔特人的比赛遭遇脚踝伤病之前，库里一共代表勇士出场了8场比赛，三分球命中率也回升到了41.4%。经历了漫长的等待，缺席两个月之久的格林也在3月15日的比赛里迎来复出。因为库里伤退常规赛报销，普尔也终于找到了重返首发阵容的机会。常规赛最后20场比赛，普尔场均轰下25.4分，三分球命中率高达恐怖的42.6%，利用连续17场20+的疯狂表现，在库里受伤的情况下成功帮助勇士守护住了季后赛首轮的主场优势。更加令人欣喜的是，经过挣扎和调整，汤普森也终于找到了自己的最佳节奏。他在常规赛最后三场比赛里分别得到36分、33分和41分，用超过50%的命中率扔进21记三分，以极其强势的表现为球队的常规赛阶段收官。

终于，及时恢复健康并找回状态的勇士，时隔两个赛季，再一次敲开了季后赛的大门。

↓ 汤普森是普尔成长之路上的重要导师，二人的关系十分紧密。

→ 库里“晚安”的庆祝动作，在季后赛中成了经典。

众志成城

受制于伤病的影响，掘金的阵容可谓是千疮百孔。虽然说球队主教练马龙以及丹佛的媒体在系列赛之中释放了无数的烟幕弹，但是穆雷以及小波特终究是没有能够在系列赛之中完成复出。尽管掘金手握连续两个赛季收获常规赛 MVP 的王牌约基奇，可面对到勇士摧枯拉朽般的进攻，塞尔维亚人仍旧是双拳难敌四手。

本轮系列赛，由库里、普尔、汤普森、维金斯和格林组成的勇士“新死亡五小”展现出了水银泻地般的火力输出。在他们搭档出场的 39 分钟时间里，勇士狂轰 120 分，三分球命中率超过 50%，百回合得分高达 141.2 分。尽管库里仍处于脚踝伤病恢复期，勇士尚未开启全力模式，但缺兵少将的掘金仍然是难以招架。最终，勇士顺利地以 4:1 的大比分完成“绅士横扫”，晋级次轮。而在西部半决赛等待着他们的，是勇士近两个赛季的死敌，也是在技术风格上被认为是最克制金州的孟菲斯灰熊。

分区半决赛开始之前，内线防守、篮板保护与失误控制是贯穿勇士队整个赛季的三大软肋。而在常规赛期间，年轻且能量十足的灰熊是整个联盟中

冲击力最强的球队。他们的场均进攻篮板、场均总篮板以及场均抢断次数，均位列全联盟 30 支球队的第一位。想要赢下系列赛，除了守住个人得分能力极强的莫兰特，勇士还必须要保护好自己的禁区。

首场比赛是客场作战，勇士呈现出了惊人的专注度与纪律性。由维金斯、库明加和佩顿组成的侧翼，甚至在一段时间里让勇士成为更具运动天赋的一方。整场比赛，面对常规赛最凶的灰熊，勇士在拼抢数据上完全不落下风，前场篮板数与对手打成平手，总篮板数更是以 51:47 领先对手。在二次得分和内线得分这两项直观反映内线优劣势的数据统计上，勇士同样占优。凭借着关键时刻汤普森最后一个回合对于莫兰特的防守干扰，勇士在格林早早遭遇驱逐的情况下，于客场拿下了系列赛的开门红。

不过，就在胜利的天平向勇士这边倾斜时，系列赛第二战刚开场佩顿的受伤，便瞬间让勇士再次失去了底气。狄龙·布鲁克斯因为不计后果的犯规动作被直接驱逐，随后领到禁赛一场的处罚。可作为勇士队内唯一一位在速率上能够匹配莫兰特的关键攻防变速器，小佩顿的手肘骨折，让勇士遭遇到了重创。放开手脚的莫兰特当场便用 64% 的真实投篮命中率，轰下了 47 分。到了关键时刻，莫兰特更是一人独揽灰熊的最后 15 分。虽然说带着 1:1 的大比分回到主场已经算是个可以接受的结果，可失去了制

↑ 干扰莫兰特最后时刻的上篮后，汤普森情绪激动。

→ 与灰熊 G2 一战，布鲁克斯的恶意犯规导致佩顿遭遇重伤。

24
0
WARRIORS

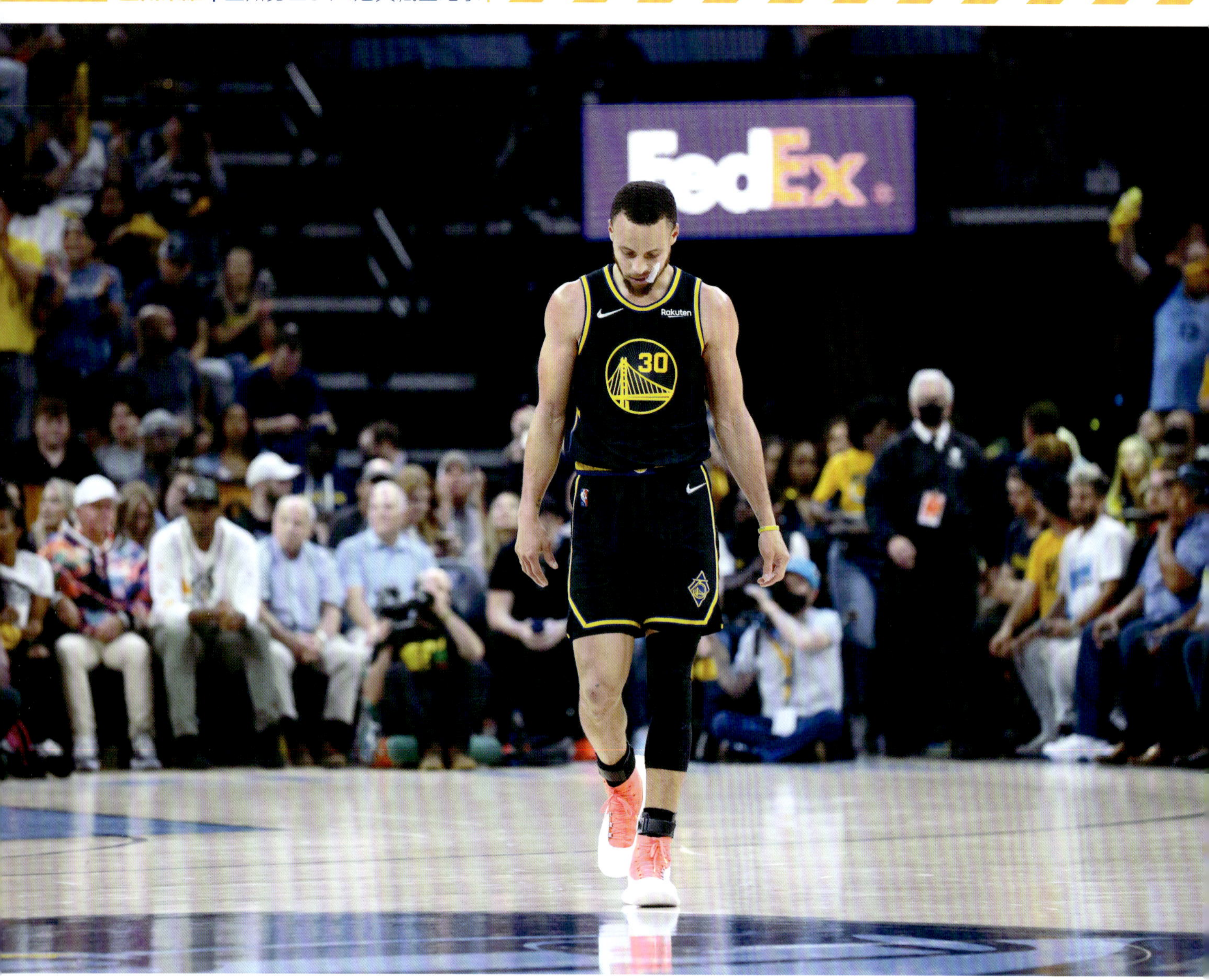

衡莫兰特的撒手锏，勇士的系列赛前景一片暗淡。

就在外界纷纷为勇士要如何在失去佩顿的情况下限制莫兰特支招时，球员们回到金州，用自己最擅长的进攻给出了赢球的答案。系列赛第三战，面对以防守强硬著称的灰熊，勇士轰出了 142 分，这是自王朝建立以来，球队在单场季后赛中的最高得分。全场比赛，勇士命中 53 记运动战进球，有 34 球都是通过助攻完成。库里、汤普森、维金斯、库明加和替补出战的普尔与波特，勇士共有六位球员得分上双，且命中率均在 50% 以上。大比分 2：1 领先，再加上对方进攻核心莫兰特的意外受伤，勇士拨开云雾见月明。

还记得在常规赛期间，在莫兰特伤停的比赛里，灰熊队取得了 20 胜 5 负的战绩。亚当斯复出再度加强内线，“无莫熊”在 G4 让勇士惊出了一身冷汗。凭借着库里末节 8 分钟 18 分的力挽狂澜，勇士这才在主场逃出生天，拿下赛点。

还记得在球队第二次飞赴孟菲斯之前，因为核酸检测呈阳性而无法带队的科尔给球队传递了一个明确的信息：如果没有取胜的希望，没有必要

↑ 惨败后，库里略显落寞。

↗ “G6 汤”王者归来。

在客场全力全倾。

自电影《川流熙攘》将孟菲斯说唱歌手 Al Kapone 的歌曲 *Whoop That Trick*《暴揍他们》用作主题曲之后，其经典段落“Whoop That Trick”就成了灰熊队主场起势之后的战歌。带着 3：1 的大比分优势前往孟菲斯，库里在赛前撂下狠话，表示“Whoop That Trick”就是勇士系列赛第五场的比赛计划。可在本场比赛

里被对手暴揍的，变成了金州勇士。他们以 95：134，39 分的分差输掉比赛。据统计，这是科尔执教勇士以来，球队季后赛的最大输球分差，打破了 2015/2016 赛季总决赛 G3 一战 30 分不敌骑士的纪录。

勇士 G4 与 G5 之所以打得如此艰难，问题出在篮板球上。在前三场比赛里，勇士是内线更有优势的一方，总篮板数以 142:125 领先灰熊 17 个，内线得分更是以 178:130 完爆灰熊。可是在莫兰特伤停的两场比赛里，勇士曾经几乎与对手持平的进攻篮板数已经落后，仅为 14:28，是对手的一半。系列赛前四战，为了追求进攻空间，卢尼和格林同时登场的时间为 0。G6 比赛开始之前，库里和格林向教练组极力谏言，希望卢尼能够重回首发阵容，帮助球队重夺篮板高地。这样的改变，成就了勇士战术上的完胜。

系列赛终结之战，卢尼 35 分钟的出场时间创造生涯季后赛新高，他在第一节便抢到了 11 个篮板，全场比赛怒摘 22 个篮板球，是过去 35 年勇士季后赛个人单场篮板之最。其中的 11 个前场板，比灰熊全队还要多出 1 个。

勇士本场比赛完美诠释了众志成城的含义，每个人都有着不可忽视的贡献。在库里和普尔状态不佳之际，在球队坠入万劫不复的深渊之前，汤普森不辱“G6 汤”之名，在前三节靠一己之力，支撑起球队的侧翼输出。前三节比赛，汤普森一人独得 27 分，帮助球队死死咬住比分。到最后一节，维金斯用一个空位三分，一个抢断暴扣，再加上对布鲁克斯的成功单防瞬间逆转迷离胶着的局势，库里则用 3 记三分锁定胜局。淘汰了阵容克制自己的绝对强敌，渡劫后的勇士完成蜕变，汇聚冲冠之势。

勇无止境

乘昂扬之势，勇士在西部决赛中以 4:1 的悬殊比分将东契奇领衔的独行侠淘汰出局，先对手一步，迈上了 NBA 总决赛的舞台。尽管占据主场优势的地利，但是在系列赛开打之前，勇士并不是更被舆论看好的一方。东部方面，凯尔特人连续淘汰篮网、雄鹿和热火三大强敌，实力的确不容小觑。

总决赛首场比赛，主场作战的勇士信心满满。在西部的三轮系列赛里，勇士还从未在主场吃到败仗。而回顾科尔执教勇士的历史，球队系列赛首战战绩为 21 胜 2 负，统治力十足。前三节比赛，勇士的确牢牢把控了比赛的节奏，面对凯尔特人挡拆下沉的策略，库里的手感一顺百顺，勇士第三节轰出 38:24，几乎已经将胜利装在了自己的兜里。

不过最后 12 分钟的剧情走向却来了个天翻地覆的转折，凯尔特人用一种完全无法预料到的方式完成了逆转，他们用 12 投 9 中的“神仙三分”在末节打出 40:16 的攻击波，在创造 NBA 总决赛历史末节最大分差的同时，从勇士手中抢到了系列赛首胜。

赛后，在人们还没从绿军疯狂三分的余波中缓过劲来的时候，格林却显得非常镇静，他认为，虽然 G1 输球，但是统治比赛前 42 分钟的依然是勇士。果不其然，勇士在不容有失的系列赛第二战中面貌一新。防守端，首场比赛饱受质疑的格林将强度拉到极致。而在进攻端，库里继续用澎湃的火力输出扛着勇士不断前行。上半场比赛双方胶着缠斗，第三节库里则突然在三分线外发力，单节投进 3 记三分，在 12 分钟的出场时间里得到 14 分。再加上普尔的超远狙杀，“勇三疯”

在总决赛的舞台上再度上线，瞬间将比赛打花。本场比赛，库里第一次让凯尔特人感受到了自己剑刃的寒芒。

1:1 的比分看起来尚可接受，可来到“魔鬼主场”北岸花园，勇士的压力着实不小。G3 一战，由于篮板拼抢与禁区保护全面落于下风，勇士在北岸花园显得举步维艰。防守端库里需要分担侧翼压力，进攻端则成为勇士的唯一依靠。经过半场休息调整好体能和手感之后，库里在第三节早早便进入全力进攻模式，连续攻击在下沉和扑防中犹豫的霍福德。即便在脚踝遭遇对手垫伤的情况下，看似体能已经逼近极限的库里，在第三节不到 10 分钟的出场时间里，三分线外 5 投 4 中狂轰 15 分。NBA 历史上最伟大的投手披上了超级英雄的外衣，压制住了凯尔特人主场数万名球迷的声浪。

三分出手被侵犯落地区域、拼抢地板球被压到左腿、防守时被斯玛特顶到右肋、防守端更是被频繁点名，而到了进攻端，他还需要把勇士的进攻全部扛在自己的肩膀之上。G3 的库里，可能经历了 2021/2022 赛季季后赛里最艰难的一场血战。可在比赛还剩下 2 分钟，勇士落后 14 分，胜负已无悬念的时候，库里坐在板凳席上，头盖毛巾露出了一丝微笑，与身边神情严肃的汤普森以及 1:2 落后的处境形成了极大的反差。48 个小时之后，我们终于理解了库里笑容背后的意义。

1:2 落后且客场作战，G4 对于勇士来说就是名副其实的生死战。与过去两场在第三节发力不同，库里此役在第一节末期便开始针对性地对霍福德进行定点打击。来到第三节，库里开始在三分线外展开对波士顿防线摧枯拉朽的地毯式轰炸。两次绕过卢尼的掩护命中干拔三分，在被塔图姆侵犯圆柱体的情况下命中超远狙杀，借助佩顿的掩护底角手起刀落。打满整节的库里完全接管比赛，三分线外 5 投 4 中，轰下 14 分。

到了第四节还剩下 4 分钟整的时候，勇士仅仅以 95:94 领先 1 分。库里在进攻端持球，在对抗中强势挤过追防的斯玛特，随后在三分线外轻巧

← 库里在总决赛里展现出了登峰造极的身体能力。

↓ G2 第三节命中超远压哨三分后，普尔与库里激情相拥。

VISTA PRINT

← 总决赛G3的血战，让库里伤痕累累。

↑ 单场43分，库里在总决赛G4中彰显英雄本色。

变向加拜佛过掉罗威，在油漆区的边缘抛投命中。一个回合里，库里将增重后的对抗能力与依旧灵巧的结合球能力集中展现，亲手将斯玛特与罗威两位绿军防守轴心一一粉碎。1分钟之后，同样的位置，库里面对怀特的防守果断干拔，命中本场个人第7记三分球，彻底终结比赛悬念。

40分钟的出场时间，34岁的库里奉献出了或许是职业生涯里最伟大的个人表演。26次出手14次命中，三分线外14投7中，以超过70%的真实命中率拿到43分，同时摘下10个篮板和4次助攻。防守端承担点名压力，进攻端将球队扛在自己的肩膀之上，在一场不能输掉的比赛里，库里斩断了绿色的荆棘与倒刺，将锋利的匕首，刺入了凯尔特人的心脏。到这里，我们似乎终于明白了库里G3输球后微笑的意义，这是逆境中的不卑不亢，是最伟大运动员对自己能力的极致自信。站在总决赛的舞台上，34岁的库里用无与伦比的表现让质疑者噤声，在书写个人绚丽传奇的同时，扛着勇士继续向山巅登攀。

大土山之战，被库里打到痛点的凯尔特人，终究对防守体系做出了调整，开始增加对库里上限持球进攻的协防力度，防守被拉空之后，内线的软肋开始暴露。尽管库里三分球9投全铁，但是他在三分线内也拿到了13投7中超过五成的效率，得到16分的同时送出了8次助攻。利用个人牵制力，库里拉空了凯尔特人的内线，让勇士在本场比赛用69%的命中率，在对手内线拿到了50分的禁区得分。

带着 3:2 的赛点，勇士开赴波士顿。

终极一战，库里换上了曾经让自己在季后赛中 4 战全胜的紫色球鞋寻求好运。可实际上，一切的好运都源自于库里自己的天道酬勤。库里 G6 出场 40 分钟，21 投 12 中，三分线外 11 投 6 中轰出全场最高的 34 分，同时送出 7 个篮板 7 次助攻以及 2 次抢断。而当凯尔特人在下半场起势，反击浪潮席卷而来，一度将分差缩小到个位数时，又是库里对霍福德的高效单打，让勇士稳下了阵脚，一鼓作气，站上联盟之巅。

冠军尘埃落定之时，库里蹲伏在北岸花园的地板上喜极而泣，即便在 2016/2017 与 2018/2019 赛季连冠期间，他也未曾如此真情流露。过去 3 年之中，杜兰特离开金州，汤普森遭遇重伤，勇士从王朝的高峰跌落到摆烂的谷底。关键成员的出走、核心支柱的伤病再加上管理层在年轻资产上的投入，勇士似乎已经距离总冠军渐行渐远。在 ESPN 评论员们被问到勇士未来四年能拿到几次总冠军，纷纷比出零蛋手势的时候，似乎只有库里，仍然对自己和他的球队充满着信心。

7 年之前，库里时代的勇士首度夺冠，作为球队绝对核心的他，在最终的 FMVP 评选中没有得到任何一位评委的青睐。7 年之后，总决赛场均轰出 31.2 分，以 43.7% 的命中率投进 31 记三分球，库里的 FMVP 也再无争议，11 张选票，无一旁落。4 枚总冠军戒指，2 次常规赛 MVP，西部决赛 MVP，全明星 MVP，再加上 2021/2022 赛季 NBA 总决赛 MVP，库里的奖杯荣誉室里，终于填上了最后一个空缺。在 NBA 的历史上，此

➔ G6 第三节比赛，库里做出戴戒指的庆祝动作。

前只有5位球员能够4夺NBA总冠军，拿到多个常规赛MVP以及一个FMVP，他们分别是乔丹、詹姆斯、“魔术师”约翰逊、贾巴尔、邓肯。现如今，这份名单里，终于加上了库里的名字。

“他们现在还能说些什么闲话啊！”甜美的香槟雨从空中浇落而下，戴着总冠军棒球帽与护目镜，库里喊出了心底最本我的呼喊。对于库里来说，这是集满生涯荣誉的完满一冠；而对于汤普森和这支勇士来说，这是涅槃重生之后的归来一冠、宣言一冠。两年蛰伏后重回季后赛便夺得总冠军，拥有状态出色的核心阵容、登峰造极境的库里以及怀斯曼、库明加、穆迪、普尔等一众潜力满满的年轻人，勇士未来的冲冠之路，绝无止境！

← 夺冠后，勇士的更衣室内下起香槟雨。

幕后英雄 **鲍勃·迈尔斯**

全能经理 妙手不断

他曾是幸运的篮球运动员，整天递毛巾，看守饮水机，却混到了NCAA冠军。他曾是知名NBA经纪人，干了14年，谈下总价值5.75亿美元合同。他又是最近10年联盟风头最盛的NBA总经理，扮演勇士4次夺冠的幕后推手，自己两次获得年度最佳经理奖项。

鲍勃·迈尔斯是篮球运动员出身，曾经在UCLA征战4个赛季，但他只是边缘球员。1995年UCLA夺得冠军，迈尔斯场均只得到0.5分。身高2.01米的他缺少征战职业联赛的天赋，迈尔斯很自觉地在大学毕业后放弃篮球生涯，他去了洛亚拉法律学校进修，然后进军经纪人圈子，在著名经纪人阿恩·泰勒姆手下做事。

迈尔斯在经纪人圈子里干了14年，代理了19名球员，包括布兰顿·罗伊、布鲁克·洛佩斯、安托万·贾米森、泰里克·埃文斯等人。

2011年，鲍勃·迈尔斯被老板拉科布挖来当总经理助理，1年后他取代拉里·莱利成为勇士总经理。迈尔斯具备顶级总经理的一切素质，他做大交易、挖大牌球星从不吃亏。

当年打包埃利斯、尤度、夸梅·布朗，从雄鹿换回博古特和史蒂芬·杰克逊曾经让他遭到勇士球迷的嘘声对待。但事实证明，送走埃利斯，推动了库里的成长，而博古特也成为勇士的冠军拼图。他在2013年为了签伊戈达拉腾出空间，不惜搭上2个首轮签，清洗掉比德林斯、理查德·杰弗森、布兰登·拉什。两年后伊戈达拉成为总决赛MVP，并且在后续的总决赛中也频繁立功。

2016年，迈尔斯引进杜兰特更是成为轰动联盟的大手笔，让勇士王朝迎来最强盛世。当杜兰特要离开球队时，迈尔斯也及时止损，先签后换得到了拉塞尔。拉塞尔只是一个过渡者，迈尔斯用他换回了维金斯，推动了勇士在2021/2022赛季再度崛起。

迈尔斯选秀眼光也很准，哈里森·巴恩斯、德拉蒙德·格林、卢尼、乔丹·普尔都是他慧眼识珠选中的球员。他的一些小操作更是绝妙，从早期的利文斯顿、巴博萨、斯贝茨，到后来的小佩顿、奥托·波特，他们都成为勇士的冠军拼图。

迈尔斯堪称总经理位置上的全能战士，无论做哪个环节都出类拔萃。更难得的是，他深得球员信任。有一些冠军总经理会遭到球员怨怼，比如公牛王朝幕后功勋克劳斯，乔丹、皮蓬对他很不满。迈尔斯则是让所有人都很服气。47岁的他有望在NBA圈子里继续书写神迹。

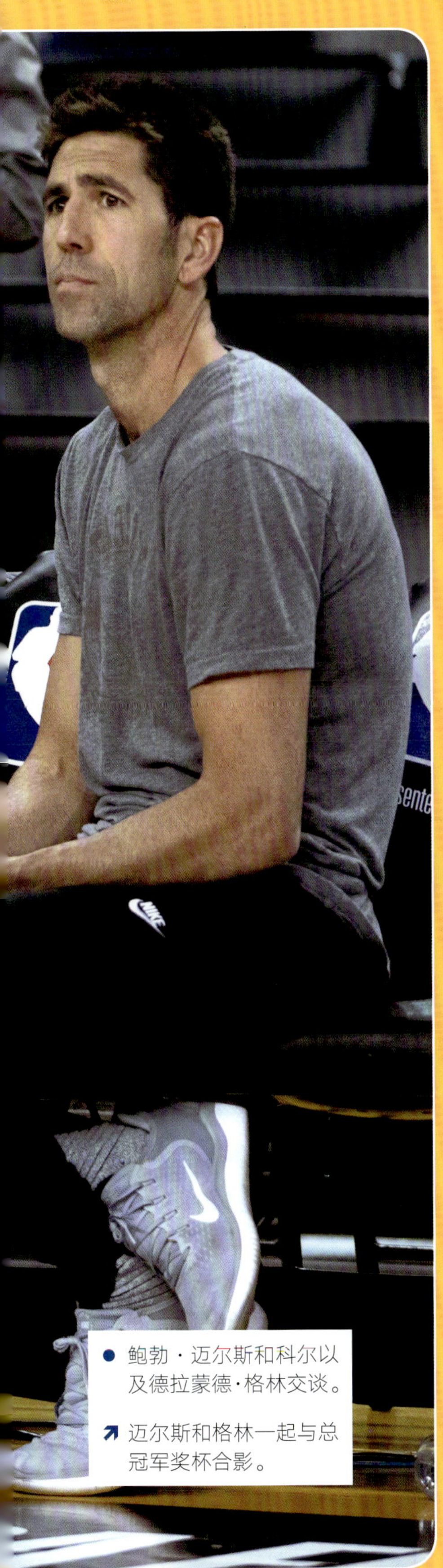

● 鲍勃·迈尔斯和科尔以及德拉蒙德·格林交谈。

↗ 迈尔斯和格林一起与总冠军奖杯合影。

王朝趣闻
DRAYMOND
GREEN
BOSTON
SUCKS

嘲讽不留情 格林最在行

如果要在勇士阵容中找一位最会“搞心态”的球员，那德拉蒙德·格林称第二，恐怕就没有人敢称第一了。在球场上，格林会通过各种小动作以及喷垃圾话的方式，让很多对手在面对他时无法平心静气。而到了球场外，格林也绝对不会错过任何一个嘲讽对手的机会，每一次勇士夺冠游行，格林几乎都会用别出心裁的方式，给对手的心态造成打击。

在 2015 到 2018 年期间，勇士总决赛先后 4 次遭遇骑士。连续的交手，让两队之间的恩怨不断积累。作为三次赢下最后胜利的一方，格林自然不会错过嘲讽骑士的机会。

比如，2016/2017 赛季总决赛之后的游行中，格林穿着一件黑色 T 恤出现，胸前除了总冠军奖杯的图案之外，还有英文单词“Quickie”的字样。其中字母 Q 被放得很大，跟骑士当时的主场“速贷中心”的标志几乎一样。而这个单词有“匆匆做完某事”的意思，格林潜在的意思，可能就是用这个词嘲讽骑士在总决赛中不堪一击，勇士只花了 5 场比赛就完成了夺冠。

再比如，到了 2017/2018 赛季的总决赛游行，格林又换了一件黑色 T 恤衫，胸前还是他专门设计的图案——一个朝下紧握的拳头，拳头上戴着三枚戒指，上面还写着“15”“17”和“18”的字样，自然就是指勇士拿到的三个总冠军。除了这个明显的意象外，这个拳头图案，其实也是詹姆斯在此前通过社交媒体发布过的内容，表示的是詹姆斯当时愤怒的情绪。格林这回的“二次创作”，明显就是将嘲讽的矛头指向老对手詹姆斯。

时间来到最近，2021/2022 赛季勇士重夺总冠军后，格林还是延续着自己用 T 恤衫嘲讽对手的传统。不过，这次格林没有将嘲讽对手的 T 恤穿在身上，而是放在了游行大巴车的前面，T 恤上除了一只公鸡外，就是一句直抒胸臆的标语 :“波士顿太烂了。”相比前两次，格林这回用心程度明显不够高，不知道是不是因为对手不是詹姆斯和骑士，让格林的好胜心并没有被完全地激发出来。

数说王朝

2974

2010/2011 赛季，雷・阿伦在与湖人的交锋当中打破了由雷吉・米勒创造的NBA历史三分命中数纪录。在阿伦退役之后，NBA历史三分纪录一直由他保持。但在2021/2022赛季勇士与尼克斯的交锋当中，库里投中了个人职业生涯第2974记三分球，完成了对于雷・阿伦的超越，成为NBA历史上命中三分球最多的球员。

除此之外，库里还是NBA历史上季后赛命中三分球最多的球员，以及总决赛命中三分球最多的球员。

10+

在库里的职业生涯当中，他曾经22次单场命中至少10个三分球，在这项数据上毫无悬念高居历史第一位。

300+

在NBA历史上，库里是唯一一位5次完成单赛季至少命中300个三分球的球员。除了他之外，只有哈登一人曾经有过单赛季命中至少300个三分球这样的壮举。

16

在2022年的全明星赛上，库里疯狂投中16记三分球砍下了50分。他不仅仅捧起了全明星MVP的奖杯，同时也成为NBA历史上全明星正赛单场三分球命中数最多的球员。

5+

在2015/2016、2018/2019以及2020/2021赛季的常规赛当中，库里的场均命中三分数都达到了5个以上。在NBA历史上，只有库里一人曾经完成过这样的壮举。

7

在赢下2021/2022赛季的总冠军之后，勇士在队史上已经7次夺冠。超越了公牛，成为NBA历史上夺冠次数第三多的球队。

8年4冠

在过去的8年当中，勇士6次杀入总决赛，4次拿到总冠军。放眼NBA历史，也只有20世纪60年代的凯尔特人，20世纪80年代的湖人，20世纪90年代的公牛以及这支勇士队缔造过这样的伟业。

21

2021/2022赛季总决赛结束之后，勇士队的库里、格林、汤普森“三巨头”已经一起赢下了21场总决赛的胜利。在NBA过去50多年的历史上，没有哪一队三人组比他们的合计总决赛胜场数更多。

14.7

虽然勇士拿到了最终的总冠军，但在2021/2022赛季总决赛当中他们场均只有14.7次罚球，这一数据也创造了总决赛有罚球数据记录以来的新低。

37

过去37年来，还从没有哪支球队能在凯尔特人的主场夺冠，勇士成为继1985年的湖人之后又一支在凯尔特人主场夺冠的球队。此外，总决赛第六战他们一度打出一波21:0的攻击波，创造了NBA总决赛过去50多年来最长的得分高潮纪录。

1

终于，库里拿到了属于自己的总决赛MVP奖杯。在NBA历史上，他是拿到FMVP年龄第四大的球员。在此之前，库里已经三度捧起NBA总冠军奖杯，在季后赛拿下了3750分。只有科比一人在拿到属于自己的第一座FMVP奖杯之前，得分（4381）比库里更多。

31.2

在2021/2022赛季总决赛当中，库里打出了无与伦比的表现。他场均砍下31.2分6.0个篮板5.0次助攻，成为NBA历史上第一位在总决赛场均至少砍下了30+5+5数据，且场均还能命中至少5个三分球的球员。

此外，在2021/2022赛季总决赛当中，库里的真实命中率为62.6%，创造了NBA总决赛历史最高的真实命中率（至少100次出手）。库里的三分球命中率达到了44%，在NBA总决赛历史上至少50次三分出手的球员中，这个数据同样创造了历史最高！

37.9%

很多人都认为，防守是库里的弱环。但在今年的季后赛当中，进攻球员面对库里仅仅只能投出37.9%的命中率，要比他们的平均命中率低7.5个百分点。

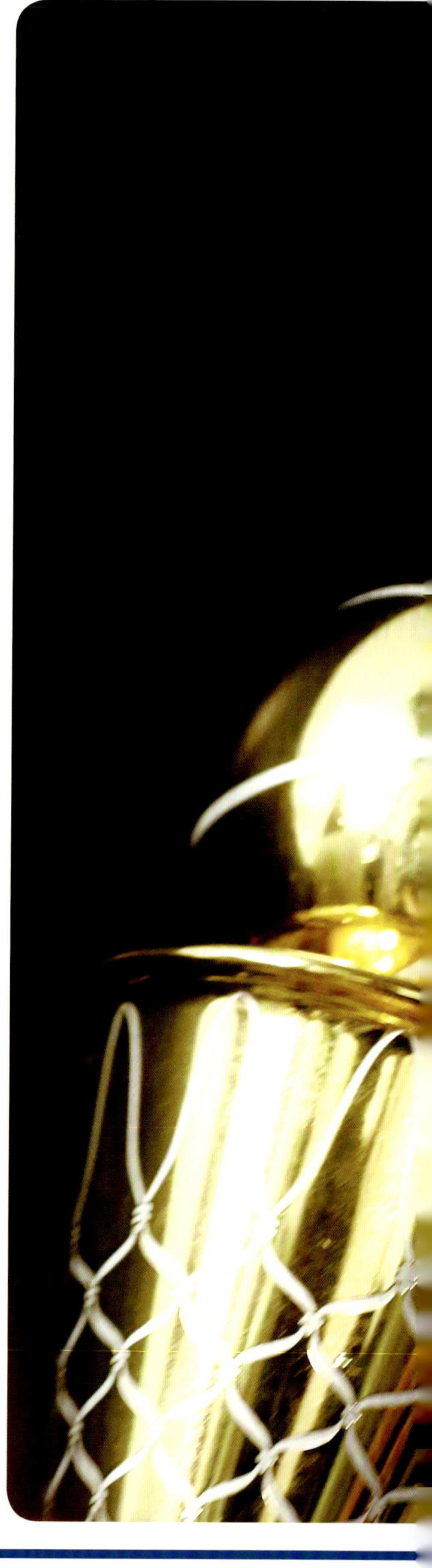

27.2

在2021/2022赛季NBA总决赛当中，当库里在场时，勇士百回合拿下了115.8分；而当库里不在场时，勇士百回合的得分只有88.6分。这也就意味着，当库里下场休息时，勇士百回合得分将直降27.2分。

眼见为"土"崩塌

《体坛周报》特约记者 王实刚

2018/2019赛季NBA总决赛是甲骨文球场的告别系列赛，一共打了3场，无论在更衣室还是球场，杜兰特始终没有现身。他热身时喜欢戴着耳机，一直静静地躺在衣柜前的座椅上。以前现场看过库里伤缺的比赛，球迷在本队低潮时，经常会喊“We want Steph（我们想要库里）”，但这一次我没听见球迷喊“We want KD（我们想要杜兰特）”。

克雷自G2起，就一直遭受大腿拉伤的困扰，没法参加全队的合练，甚至连卢尼都因为锁骨骨折缺席了G3。即使伤病阴霾沉沉地笼罩着卫冕冠军，但你时时刻刻都能感受到勇士上下的自信和镇定，从拉科布、科尔到库里、克雷。我想这就是经历了无数起起伏伏后，练就的一种“专注当下”

←2019年6月5日总决赛G3，是在甲骨文球馆举行的倒数第三场总决赛。

↑2019年6月10日总决赛G5，勇士客场扳回一城。

的超能力。

我在现场见证的第一场总决赛是2018/2019赛季总决赛G3，缺兵少将的勇士在防守端被打垮，第四节甲骨文球场罕见出现了观众提前退场。在G4赛前发布会上，我忍着怦怦的心跳，问了库里一个刁钻问题，"下一场也许、有可能是你们在甲骨文的倒数第二场比赛，（奥克兰）观众不遗余力地为你们加油，这会给球员们带来额外动力吗？"我连用两个假设发问，潜台词是如果输掉G4，那就是甲骨文球场的绝唱。

库里真诚地凝视着我，露出了一丝不易察觉的、狡黠的笑。"1∶2落后给了我们全部动力，我们需要站出来回应观众们的热情，让他们不用提早退场。今年各种条件都不利于我们，比如伤病，但是这些客观因素没人想听。现在的问题是，任务能完成吗？我们能完成任务！"

天不遂人愿，G4情况也没比G3好太多，猛龙一直保持对勇士的压制，勇士球迷的失望溢于言表。观众第四节末又一次出现大规模早退，那天比赛后，我提前订好了回国的机票，大部分人都和我一样，理性看好猛龙G5在主场拿下冠军。绝境中，杜兰特毅然带伤复出G5，献出了一条跟腱，也洗脱了黑粉们给他的"软蛋"恶名。受到激励的勇士众将，奇迹般地抢回了一个客场，将冠军悬念保持，也把我的回国机票延后一周。

↑ 2019年6月13日，现场小球迷手拿杜兰特大头标志。

↗ 2019年6月13日总决赛G6，汤普森受伤瞬间的库里。

2019年6月13日，NBA总决赛G6，有太多情绪凝聚在勇士众将周围，对杜兰特的牵挂、告别甲骨文的离情、对冠军的渴望，科尔赛前告诉媒体，“对球员来说，这是一生一次的比赛。无论输或赢，在赛后我们都要向现场的球迷和工作人员致谢，他们陪伴球队这么多年。无论输或赢，我们都会分享一些情绪，送出我们的告别。”

到场的不少小球迷，都戴上了KD的大头面具，大屏幕上引得现场观众最高分贝掌声的也是KD的画面。作为KD私交最好的队友，奎因·库克（更衣室里他的衣柜夹在KD和追梦之间）赛前热身特意穿上KD的T恤，可惜KD本人不能在现场看到湾区球迷们对他的爱。

还活跃在公众视野的NBA名流悉数到场，奥尼尔、皮尔斯、比卢普斯、卡特……成百上千的猛龙球迷，从全美甚至全世界各地来到甲骨文。可能除了勇士球迷，全世界都在期待猛龙夺冠。

莱昂纳德、洛瑞们无比严肃地完成每一个热身动作，多少掩饰着内心的激动（或紧张）。踩场热身完满头大汗的库里，进理疗室前不忘对更衣室里的记者说，“伙计们，你们还有10分钟。”有记者开玩笑问媒体官，球员们是不是有什么巫术要搞。我猜，在甲骨文最后一战前，球员们需要一段独处的时间，也许格林会来一段激情的演讲。

比赛大部分时间，猛龙孤注一掷地围堵库里，克雷、“一哥”因此获得了许多空位，勇士也凭借整体进攻效率稳稳咬住对手。不过，库里被限制死了，只能依靠零敲碎打的中投和罚球拿分。

比赛时间最后还剩 8 秒，勇士落后 1 分，科尔精心设计了一个战术，库里在右斜侧 45 度获得了投篮空间，但是，他投出的 3 分，重重砸在篮筐上弹出。勇士写下在甲骨文球场 47 年历史，那不完美的最终章。

库里平静地看着对手加冕，在克雷受伤倒地的一瞬，情绪已燃尽。他狠狠地把球砸向地板，像控诉残忍的命运，他无助地坐在地上，远远目送克雷离场，就在前几天，他刚刚在近旁见证 KD 的跟腱断裂。那个瞬间，可能现场大部分球迷和库里一样，忽然放下胜负执念，释然了：经历了如此跌宕起伏的总决赛，拼尽了最后一滴血，还有什么遗憾呢？作为记者，看这群年轻人一路出道、崛起、绽放，现在又有幸在现场见证他们悲情的落幕，何尝不是一种圆满？

赛后在媒体区，我得到了克雷十字韧带断裂的消息，电视名嘴们迫不及待地为勇士王朝致悼词。总决赛结束将近半个月以后，杜兰特转投篮网，勇士王朝仿佛成了久远的往事。就在那一天，《旧金山纪事报》的体育记者安·基利昂在她的专栏里写道：这一系列事情（杜兰特离队和克雷伤停），只是给勇士王朝按下了一个暂停键，凭借着尚在当打之年的“库追汤”三人组，再加上勇士管理层超凡的运作能力，勇士王朝一定会在一两个赛季以后卷土重来。

眼见为“土”——重生

《体坛周报》特约记者 王子健

在故事的最开始，让我们一起回到 2022 年初的那个夜晚：1 月 9 日，大通中心，勇士和骑士的比赛现场。

或许关于那一天，你对它的另一个名字更加熟悉：克雷日。

涌动的人潮包围了球馆，深情的球迷们都穿上了各自珍藏的克雷球衣。不同年份、不同款式的球衣，跨越时空站在了一起，既是对克雷辉煌生涯的致敬，也是对球队光辉岁月的巡礼。那天的空调开得比平时更足，一走进球馆，情绪便被热浪裹挟着奔涌不息。观众入口终于开放，队伍涌入了圣殿，人们不自觉地向场边挤，球员通道的两边已经被翘首期盼的“朝圣者”挤满。

克雷的身影出现在悠长黑暗的尽头，人群开始躁动起来。如果闭上眼睛，你很难想象这只是赛前热身，尖叫声、口哨声、呼喊声汇聚成一阵风，吹动了你我他她眼眸里的闪烁。

再回忆那晚，最令人动容的，可能是比赛末节，当克雷被替换下场后，久久回荡在大通中心的呐喊：“We want Klay（我们要克雷，我们要克雷）……”

那一刻，恰是勇士在大通中心的全新开始，也是勇士回到冠军征程的正式起点。

↓ 2022年1月9日，汤普森时隔941天完成复出。

→ 2022年6月2日总决赛G1，大通中心门口观赛的球迷。

时间快进到6月。旧金山的空气弥漫着硝烟，整座城市进入了“战备状态”。高大的广告牌上标注着总决赛倒计时，飞驰而过的车窗里伸出勇士的旗帜，在劲吹的海风里舞动。球馆外的广场，被来自世界各地的球迷挤满。穿过人群，穿过大千世界和南腔北调，眼神与路人短暂相交，彼此默契地会心一笑。

走进球馆，兴奋和狂热写在每个人脸上。铺满座位的金色T恤，在激昂的战歌里熠熠生辉。这是大通中心举办的第一次总决赛，轰鸣的音乐震动着地板，仿佛是这座庞大建筑激动的颤抖。

总决赛的第一场，以库里不可思议的表现开场，勇士领袖在第一节投进了创纪录的6记三分。库里的每一次进球，就像将一块陨石砸向海洋，激起看台上的千层浪。观众在看台上雀跃，震撼的欢呼已经难以用分贝考量。声浪用力地拍打着耳膜，在一瞬间我被耳鸣击中，只能感到过载的心跳怦怦作响。

依靠第四节的神奇发挥，凯尔特人偷走了第一场的胜利。勇士球迷终于安静了下来，不过他们并没有沉默。远去的电车上，一位穿着格林球衣的中年男人和邻座念叨着：“用不着害怕，只是一场而已，要相信我们的实力。”

第一场的失利，反而点燃了勇士球迷心中的火焰。第二场比赛即将开打，大灯刚刚熄灭，“Warriors”的口号已经响彻球馆。这句绵长得略显惊悚的口号，是观众给对手敲响的丧钟，让人不由得背后发凉。比赛的天平，在下半场倒向了勇士。第三节末，时间不足 10 秒，普尔独自运球推进，在中线前起跳出手。篮球穿网而过，激动的库里一路小跑而来，紧紧抱住了青涩的普尔。那个瞬间，就像一道闪电，连接了球队的过去和未来，从海湾对面的甲骨文球馆，点亮了大通中心的穹顶。

8 天后，勇士本赛季最后一次回到自己的主场。我们都记住了格林扑向观众席救球的身影，记住了普尔再一次投进压哨三分，更记住了克雷命中制胜三分后，朝天竖起的食指——勇士距离重夺冠军，只有一步之遥。

看台一角，一位年轻人深深陷进了座位里。他戴着勇士的帽子，清秀的脸上稚气未脱，眼眶已经微微泛红。他的双手紧紧抱着头，难以抑制的笑容里透着不可思议的神情，他不停地问自己的伙伴：“这是真的吗？这是真的吗？”

如痴如醉的球迷们在这里一同经历了喜怒哀乐，陌生的人们带着不同的心情而来，满载着同样的回忆而去。下行的楼道里充满了笑声，人们纵情呼喊着勇士的名字。

↓ 2022 年 6 月 13 日总决赛G5，勇士击败凯尔特人拿到冠军点。

让我们再一次回到克雷日。克雷在那天接受赛后采访时，分享了自己的感受。面对满屋的记者，克雷格外真诚地说：“这是一个非常特殊的时刻，对此我难以忘怀……天哪，这真的很棒，这让我缺席的每一天都变得值得。不管是黯然坐在板凳席上，还是那些调整恢复的日子，今天让每一刻都变得值得。我对于能再次登场无比感激，这是一段漫长的旅程，但我为自己能够咬牙坚持感到自豪。”

从 2019 到 2022 年，勇士经过了蛰伏、困苦、挫折、自我怀疑，以及耐心的等待。重生永远伴随着破茧的决绝，化蝶的美丽让一切都变得值得。现在，金色的奥布莱恩杯被摆放在了大通中心，它的闪耀永远无法被抹去。

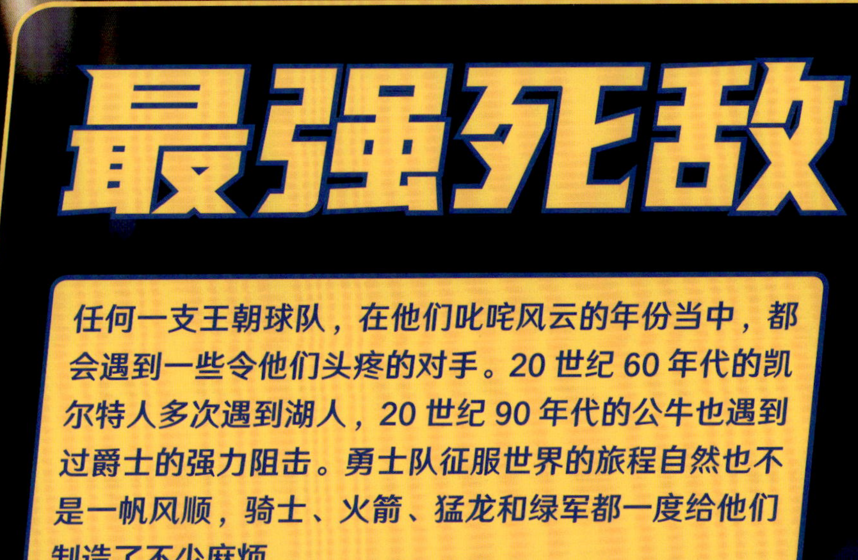

最强死敌

任何一支王朝球队，在他们叱咤风云的年份当中，都会遇到一些令他们头疼的对手。20 世纪 60 年代的凯尔特人多次遇到湖人，20 世纪 90 年代的公牛也遇到过爵士的强力阻击。勇士队征服世界的旅程自然也不是一帆风顺，骑士、火箭、猛龙和绿军都一度给他们制造了不少麻烦。

自2015年以来，勇士连续4次与骑士在总决赛相逢，创造了NBA历史上两支球队连续在总决赛会师的最长纪录。其中在2014/2015、2016/2017、2017/2018赛季，勇士成了总决赛的赢家。不过，2015/2016赛季勇士队却在3:1领先的情况之下，被对手翻盘。单赛季常规赛73胜最终却无缘总冠军，直到现在依旧被看作勇士王朝时代最大的遗憾。

当年那支骑士队以勒布朗·詹姆斯为核心，他在四次与勇士的总决赛交锋当中场均砍下33.0分11.5个篮板9.3次助攻。尽管勇士队这边以锋线实力雄厚而著称，但每一次两支球队相逢，勒布朗依旧能够用自己强悍的个人能力，给予勇士非常大的压力。2015/2016赛季的那次逆转，也是因为勒布朗在后三场系列赛当中合计砍下109分，并且在第七战最后时刻完成“世纪封盖”。

当然，欧文也是一个不容被忽视的名字。2015/2016赛季总决赛，他的场均得分也达到了27.1分。第七战最后时刻，正是欧文面对库里投中制胜三分球，帮助球队最终完成了惊天逆转，在勇士主场捧起奥布莱恩杯。

凯文·乐福、特里斯坦·汤普森、J.R.史密斯、香铂特、德拉维多瓦等等这些球员，同样也都在骑勇大战那几年于总决赛赛场上留下过自己的故事。当然，不容忘却的还有骑士队当年的主帅泰伦·卢。他在攻防两端针对库里进行的策略制定，不仅仅在当年给予了骑士巨大的帮助，直到现在依旧还是不少球队在面对勇士时

的锦囊妙计。

2016 年夏天杜兰特加盟，“宇宙勇”就此问世。然而，“汉普顿五小”在冲冠的过程当中，也并非完全没有遇到任何阻碍。尤其是在 2017/2018、2018/2019 这两个赛季，火箭在季后赛当中给勇士带来了巨大的挑战。

早在杜兰特加盟之前，火箭就曾经和勇士在西部决赛有过交锋经历。那时，火箭还是以哈登、霍华德为双核，很难真正撼动勇士。但在 2017 年的夏天，火箭队通过交易得到保罗，塔克同样也在那年夏天加盟，一下子让他们也成为一支冠军球队。2017/2018 赛季西部决赛，火箭一度 3∶2 领先勇士，只可惜后来保罗出现了伤病，勇士最终在抢七大战逆转晋级。2018/2019 赛季西部半决赛，两支球队再度相逢。前四场战罢，双方 2∶2 平，同样也是难分难解。其后杜兰特又出现了受伤的情况，可惜火箭还是没能成为系列赛的赢家。

勇士是一支讲究传切的球队，但火箭却用他们独特的攻防方式，让比赛切割成了无限一对一单打，这样的比赛方式大大削弱了勇士的优势。哈登、保罗都将自己的单打能力发挥到了极致，当时他们的换防能力也非常出色，并且还在前场篮板球上占据绝对的优势。火勇大战双方的容错率非常低，因此场面极其精彩。但最终，勇士依旧连续两年将火箭淘汰。这也从一个侧面得以反应，勇士在当时的整体优势有多么突出。不论是以怎样的方式与对手周旋，他们都能成为最终的赢家。

2018/2019 赛季总决赛，勇士与猛龙在 NBA 最高舞台相逢。总决赛开始之前，更多人看好勇士能够赢下总冠军。但最终，他们却被猛龙以 4:2 的总比分击败。

那一年猛龙以黑马之姿杀入总决赛，莱昂纳德打出了绝对超巨级别的表现，最终捧起了 FMVP 的奖杯。可是猛龙的优势不仅仅在于莱昂纳德而已，他们整体的高度，尤其是锋线位置上的高度以及换防能力，给勇士带来了巨大的冲击。当然，更重要的还是勇士自己也面临着严重的伤病情况。杜兰特在总决赛当中仅仅出战了 12 分钟的时间，克雷・汤普森也有过缺席经历，总决赛第六战下半场更是膝盖重伤离场，卢尼、伊戈达拉都是在带伤的情况之下坚持。正因如此，球队的竞争力自然没有达到总决赛之前人们对于勇士的预期。

无奈之下，勇士只能由库里一个人金蛇狂舞。猛龙的菜鸟主帅纳斯在总决赛舞台上祭出一盯四联的策略，几乎将所有防守压力都集中在库里一个人的身上，库里单场砍下 47 分依旧无法救主。最终，勇士在系列赛的第六战不敌猛龙，那是甲骨文中心的最后一场比赛，他们未能用一场胜利或是用一场冠军庆典告别这座曾经见证过无数辉煌的球馆。与此同时，勇士也错过了三连冠的机会。那年猛龙的整体实力的确强大，但勇士不仅仅是输给了猛龙，同样也是输给了伤病。

2021/2022 赛季，勇士队卷土重来。在总决赛当中，他们与波士顿凯尔特人相逢。不论是在勇士 73 胜那个赛季，还是后来的“宇宙勇”时代，凯尔特人都曾经在常规赛当中，给勇士队带来了一定的麻烦。这一次，他们则是在总决赛相逢。

凯尔特人这支球队有两大特点，其一就是防守极其出色，他们是 2021/2022 赛季常规赛联盟防守效率排名第一的球队；其二就是对抗能力出色，每个位置上的每位球员都有着不错的对抗水准。系列赛前三战，凯尔特人以 2：1 领先，并且在系列赛第四战的绝大多数时间内占据着优势。看起来，凯尔特人已经非常接近赢下总冠军。

但是，库里在第四战勇士最需要英雄挺身而出的时刻站了出来，最终帮助球队完成逆转。其后在系列赛第五战、第六战，勇士将自己的防守水准彻底拉满，几乎完全锁死了凯尔特人的核心塔图姆。天王山之战库里在进攻端的表现不算出色，但他在第六战王者归来，带领球队在客场赢下了 2021/2022 赛季的 NBA 总冠军。

尽管凯尔特人被看作当赛季联盟防守最出色的球队，但他们依旧还是无法阻挡库里进攻端的脚步。此外，凯尔特人在系列赛最后几场同样也对勇士队的防守没有什么办法。与勇士此前几年总决赛的对手相比，凯尔特人多少有些逊色。但这支球队依旧还在成长中，不排除双方在 2022/2023 赛季总决赛再度交锋的可能。

斯蒂芬·库里

推开历史前十之门

孔德昕

2016年1月，ESPN把他们的专家记者集合在一起，针对上千个“A球员和B球员谁更好”的问题进行投票，最终汇总结果得到了一份NBA历史百大球星榜单。那份榜单里威尔特·张伯伦排第5、比尔·拉塞尔排第7、沙奎尔·奥尼尔排第9、哈基姆·奥拉朱旺排第10、科比·布莱恩特排第12。

2020年5月，ESPN再度集合他们的专家，以类似的投票形式评选出NBA历史74大。张伯伦排第6、拉塞尔排第5、奥尼尔排第10、科比排第9，奥拉朱旺排第12。

两份榜单间隔四年，但涉及上述5个名字的比赛只有33场常规赛——科比完成了他告别巡演的后半部分，在33场球里场均18.2分，命中率36.8%，一共赢了6次。是他在“Mamba Out”一战中轰出60分便足以完成对奥拉朱旺和奥尼尔的反超吗？那在同时期内，“上古时代”两尊大神拉塞尔和张伯伦的次序变化又如何解释？

所以我想说的是，当我们为NBA球员排定座次时，归根结底是比讲故事的能力。所以当斯蒂芬·库里带领着一支阵容并不算豪华的勇士完成登顶，并终于拿到了那座他早该拿到的FMVP奖杯时，我决定讲一个库里推开NBA历史前十之门的故事。

↓2022年6月16日总决赛G6，库里“预定”第四枚总冠军戒指。

2022年6月17日

NBA总决赛G6，客场作战的勇士击败凯尔特人，成功捧起总冠军奖杯

库里夺得职业生涯第4个总冠军的同时，
首次获得总决赛MVP，实现个人荣誉的大满贯

库里职业生涯主要荣誉

4次总冠军
2014 / 2015赛季、2016 / 2017赛季、2017 / 2018赛季、2021 / 2022赛季

2次常规赛MVP
2014 / 2015赛季、2015 / 2016赛季

1次全明星MVP
2022年

1次西部决赛MVP
2021 / 2022赛季

1次总决赛MVP
2021 / 2022赛季

8次入选最佳阵容
4次一阵、3次二阵、1次三阵

8次入选全明星
2次三分大赛冠军、1次技巧大赛冠军、1次全明星MVP

2次得分王
2015 / 2016赛季、2020 / 2021赛季

7次三分王
2012—2017赛季、2020 / 2021赛季、2021/ 2022赛季

1次抢断王
2015 / 2016赛季

历史三分王
3117个三分球

	总冠军	MVP	FMVP	最佳阵容	全明星
拉里·伯德	3	3	2	10	12
威尔特·张伯伦	2	4	1	10	13
沙奎尔·奥尼尔	4	1	3	14	15
科比·布莱恩特	5	1	2	15	18
斯蒂芬·库里	4	2	1	8	8

（单位：次数）

为了让读者相信你的故事，文中需要有足够多具有说服力的内容，之于球星排名也就是硬荣誉。总冠军、MVP、FMVP、DPOY、最佳阵容、最佳防守阵容、全明星...这些简单粗暴的头衔是你进入历史排名讨论的入场券，没有这些，你就仿佛一只鸟类走入哺乳动物会场，挑战人们对于九年义务教育的认知。

库里手握四冠、两个MVP、一个FMVP、8次最佳阵容、8届全明星，望向历史前10舞台，这份荣誉算不上无可挑剔，但已经足够入场。张伯伦和伯德的冠军数比库里少，奥尼尔4冠3FMVP，但MVP只有一个，科比5冠2FMVP，同样只有一个MVP。上述4个名字都有比库里更多的最佳阵容和全明星次数，但这份差距可以被库里剩余的生涯所拉近。又或者我们可以换一个更具说服力的说法：历史上拿到4冠+2MVP及以上的，只有拉塞尔、贾巴尔、“魔术师”、乔丹、詹姆斯、邓肯、库里7人。

但硬荣誉并非这段故事的核心。你很容易在网络上搜到各式各样的荣誉对比，也能找到利用眼花缭乱的公式将一切标准化后得到的积分排名。不过那说服不了所有人，在冷冰冰的数字和奖杯之外，一定还有让故事更精彩的部分。

比如故事的张力？同样是冠军，在一个只有不到 20 支球队的原始联盟内夺冠，和在 30 队厮杀的时代夺冠，难度并不相同。同样是 MVP，在一个巨星相对匮乏的时代捧杯，和在混有一个历史前 3、两个历史前 20 球员的时代完成两连 MVP（其中一个是全票 MVP），成色亦不同。

相信我，太多人还是容易下意识被库里瘦小的身躯和平庸的运动能力所欺骗。仅就总决赛舞台而言，在库里拿到 2021/2022 赛季的 FMVP 之前，人们依然质疑他在顶级舞台的统治力。而眼下，库里已经有 14 场总决赛得分拿到 30+ 且真实命中率超过 60%，位列历史第一。排在第二的韦斯特在 55 场总决赛里做到 13 次，排在第三的是在 55 场里做到 11 次的詹姆斯，而库里做到这些仅仅用了 34 场总决赛。当他面对联盟防守第一的凯尔特人场均轰出 31.2 分时，其生涯总决赛数据已经来到场均 27.3 分 5.8 个篮板 6.0 次助攻，真实命中率 59.6%——这一表现需要和乔丹、詹姆斯、“魔术师”这样的历史前五级别球员相提并论。

比如故事独一无二的记忆点？若干年后，库里一定是最容易被记起的 NBA 球星之一，因为他有着独特又直接的标签：NBA 历史最伟大的射手。在正式加冕历史三分王之后，库里还有足够的时间把所有人甩开更远。即便只是执行完现有的四年合同，按照他过去 9 个无大伤赛季平均每季命中 303 记三分的表现看，再中 1000 记三分不成问题。届时库里和三分榜第 2 名的差距，多半比第 2 名和第 40 名的差距更大。而每当后世有人射出了惊人的三分表现时，你一定会在各种纪录里看到库里的身影。

比如跳出故事本身的宏大影响？库里赶上了 NBA 联盟腾飞的时代，他成为史上第一位年薪超 5000 万美元的球员，而他本人正是腾飞的动力之一。划时代的运动员总能跳出 NBA 赛场，对篮球这项运动本身造成影响。迈克尔·乔丹的魅力无须赘言，库里则改变了小个子在巨人战场的话语权，他让你家旁边的野球场上多了不少在三分线外张手开炮的孩子。论及场外影响力，库里早在这一冠之前已经是历史前十、甚至前五级别。

比如一个富有魅力的主人公？故事最精彩的部分永远是人物，而库里可能是 NBA 历史上最有魅力的球星之一。他是史蒂夫·科尔口中的“后卫版邓肯”，是众多超级球星里个性很难被挑剔的那一个，他愿意张开双臂拥抱杜兰特，能够把格林托起到名人堂高度，拥有强大却不霸道的领袖气质，即将实现一人一城的壮举。勇士形成了 NBA 历史上最独特的进攻体系，而这一切正源自于库里——一个极为另类、能兼顾有球和无球的超级巨星。

←2016年3月6日，科比最后一次和库里在同场竞技，湖人送勇士赛季第6败。

↓2013年5月16日西部半决赛G6，邓肯带领马刺淘汰勇士。

↑ 2022年6月16日，夺冠后的库里再做经典的晚安手势。

讲到这里，我承认时间站在自己一边。3个月前出现的一幕幕，自然比三四十年前记录在黑白影像或文字片段中的内容更令人震撼，但这个故事或许还是无法将你说服，毕竟我们是在NBA漫长历史的5000位球员里挑出10~15个人排定座次，他们本身就已经是前0.3%的存在了。

不过你会发现我早早埋下了一个文字游戏——库里“推开了”历史前十之门。在进入圣殿之前，还有一个短小的走廊摆在眼前，就像是进入航天器时的气闸舱。这里或许正进行着一场5选4通往下一站的游戏，而无论谁被丢在后面，理由都令人难以拒绝。但这件事本身，恰恰说明每个人都拥有进入圣殿的资本。

我愿意犯下在一名球员生涯结束前就为他评定历史地位的大忌，因为我相信，库里毫无争议占据前十的那一刻，终将到来。

2015
2017